歓びの今を生きる

医学、物理学、霊学から観た
魂の来《こ》しかた行《ゆ》くすえ

保江邦夫
はせくらみゆき
矢作直樹

明窓出版

はじめに

はせくらみゆき

令和の御代を迎えてから始まった、コロナショックの余韻がまだ進行中ともいえる昨今、毎朝の日課であるメールチェックをしていると、先の対談本（『宇宙を味方につける　こころの神秘と量子のちから』明窓出版）でご一緒させていただいた、理論物理学者保江邦夫先生から一通のメールが入っておりました。

その内容とは、後に対談させていただいた東大名誉教授の矢作直樹先生と私との三者で、「生と死」の本質に切り込んだ鼎談をいたしませんかというものでした。

思いがけないお誘いに戸惑いを覚えましたが、一両日考え、明け方の瞑想で天意をうかがうことにしました。

すると、胸の内から、「必要なことが必要なように運ばれるので、神ながら（天の意のままに沿って動くように」という想いが響いたので、「ああ、これはやりなさいということなんだな」と想い、快諾メールを差し上げたのでした。

その後、出版社の音頭で鼎談日がサクサクと決まり、二日間にわたる終日の対話が行われることになりました。場所は、現代の聖者ともいえるエスタニスラウ神父が、日本に持ってこられた十字架をお預かりしている、保江先生の事務所です。

和やかなムードの中で始まった鼎談は、保江先生が目撃されたというＵＦＯのお話から始まり、それぞれの体験談や想いを語りつつ、生と死、時空の仕組みなどについて、多岐にわたる内容が展開されることとなりました。

鼎談という醍醐味は、やはり単著（一人の著者で書く本）では伝えきることのできない、立体的で多層的な視点を得られやすいこと。

また、口語体の分かりやすさも手伝って、心の機微に寄り添いやすい利点があるなぁと思います。

個人的には、それぞれの個性が混じり合うことで、新たなる化学反応が生まれ、まるで合金から超合金がひょっこり出来ていくような面白さがありました。

及ばずながら、尊敬する両先生方の末席に加えさせていただいたことに感謝申し上げます。

さて、このような経緯で生まれることになった本書――「喜びの今を生きる　医学、物理学、霊学から観た魂の来《こ》しかた行《ゆ》くすえ」ですが、随所に、「えっ、そうだったの？」とか、「あら、びっくり」、「う～ん、なるほど」といった、ドキッとするようなエピソードや言葉が散りばめられていることと思います。

よろしければ、あなたもその場に参加している一人となった気持ちで、読み進めていただければと思います。そうすることで、より臨場感が増すかもしれません。

というわけで、これから読み進めていく皆様にとって、一つのガイドとなるかもしれない言の葉を、最初にご紹介したいと思います。

言の葉は1パーツごとに4つで、5パーツ分、計20個のキーワードをお届けします。

読んでいかれる中で、これらの言葉が登場したとき、「みーっけた！」と思いながら、心の中でピンマークを付けていってくださいね。イメージとしては、宝探しゲームの感覚でしょうか。

そうして、それらの言葉をフックに、さらに深掘りして、ご自分なりの考察・思索を深めていかれるとよいと思います。

なお、言葉の抽出は、私自身が鼎談時に心を強く揺さぶられ、その後も、脳裏でこだまするキーワードより選ばせていただきました（つまり、はせくらの独断です。あしからず）。

まず、パート1『自らのリミッターを外し、思いつきに従うのが人間本来の動き』から。

「感覚に従っただけ」・「うっかり」・「中今」・「心の中に神社」

パート2『私たちはすでに、時間のない空間を知っている』では、

「集合的無意識」・「観測」・「人間原理」・「未来からの影響と過去の影響」

パート3『「天つ心」と一つになって新しいフェーズの地球へ移行する』では、

「死生観」・「It's accomplished」・「うつらかす」・「疑わない」

パート4『「魂は生き遠し」――生命は永遠である』では、

「100％の真実」・「赤心」・「自分証明書」・「ただいま」

最終章となるパート5『神様に喜んでいただける生き方』では、「安心立命」・「Good, Very Good」・「神の内」・「嬉しい、楽しい」

とりわけ、「赤心」と「神の内」、そして「Good, Very Good」の三つは、鼎談以来、私の心の中で、ずっと鳴り響いている言葉（言霊）です。

他にも、「ただいま」という言葉が愛おしくなったり、「自分証明書」が示す理屈を超えた世界に、思わず笑みがこぼれてしまいます。

本書の巻末には、三人の「自分証明書」が掲載されていますので、お楽しみに。

もちろん、272ページには、あなた自身の「自分証明書」を書き入れるフォーマットがありますので、読後記念に、ぜひとも作成してみてくださいね。

きっと胸があったかくなって、いのちの力がむくむくと湧きあがってくることでしょう。

この本は、そんな尊きあなたと、「今」を分かち合いたくて創らせていただきました。

どんな「今」かって？

それはずばり、「歓び」の今。
歓びが歓びつれて、膨らみ巡りながらやってくる、歓喜に浸された「今」の創造です。
そんな極上の今が、あなたの訪れを待っています。

さぁ、ご一緒に新しいページを開いていきましょう。

歓びの今を生きる
医学、物理学、霊学から観た魂の来《こ》しかた行《ゆ》くすえ

パート2 私たちはすでに、時間のない空間を知っている

パート3 「天つ心」と一つになって新しいフェーズの地球へ移行する

パート4 「魂は生き通し」── 生命は永遠である

パート5　神様に喜んでいただける生き方

Part 1

自らのリミッターを外し、思いつきに従うのが人間本来の動き

UFOに導かれた犬吠埼の夜

保江　本日は、よろしくお願いいたします。この三人での出版は初めてですし、とても楽しみにしていました。

矢作　はい、よろしくお願いいたします。私も今日は、楽しみにやってきました。

はせくら　よろしくお願いいたします。

保江　いつものように、リラックスモードでいきましょう（笑）。

さっそくですが、この前、久しぶりにUFOを見ました。つい最近、2週間から3週間前のことです。

なぜだか突然、西の水平線に夕日が沈み、同じ場所で12時間後、東の水平線から日が昇ってくるのを見たいという気持ちが湧いたのです。

ハワイに行けばそれが見えることは知られていますが、日本では犬吠埼しかないという直感がきました。

犬吠埼は、千葉県銚子市にある、太平洋に突出する岬です。

前日まで富士山の麓の山中湖のあたりにいたのですが、そこから車で走っていったわけです。

そのときになんとなく、犬吠埼から割と近いところにある鹿島神宮にも行かなくてはと思い、午後のまだ日が高いうちに向かいました。

昔、鹿島神流という剣術をホンの少しだけかじったことがあり、鹿島の神が武術の一番すごい神様だと知っていたからです。

鹿島神宮の手前に香取神宮があったので、ここもやはり香取神道流などの剣術で有名な神社ですから寄ってみました。

特に期待はしていなかったのですが。ここが、すごくいいところでした。

鎮守の森が禁足地になっていて、霊気と空気がとても清浄に思えました。そんなに華やかではないですが、素朴で素敵な場所なんですね。
逆に、鹿島神宮に行ったら、ガクッときました。

はせくら　まぁ、それはどうしたのでしょう？

保江　ありとあらゆるものが立派で、お金がかかっている感じでした。
ＮＨＫのＢＳ時代劇の舞台になっていたり、鹿島アントラーズが毎回お参りに行くところだったりするので、たくさん参拝者が来てお金が集まったのでしょう。
立派なだけで厳かな雰囲気は感じられず、来なきゃよかったとまで思いました。
奥宮にも行ったのですが、改修中でお参りもできなかったのです。

はせくら　奥宮にお参りできないのは、確かに残念でしたね。

保江　そうなんです。ただ、奥宮の前にあった喫茶店でいただいたコーヒーだけはおいしくて、それで気を取り直して犬吠埼まで行きました。

有名な灯台があるのですがそこには魅かれなかったので、漁港に続く狭い道路に車を停めて海まで歩いていくと、漁師さんが二人、網の手入れをしていました。

その先の防波堤を越えてみたら、ちょうど干潮で砂浜が海のほうに広く出っ張っているようになっていました。

少し向こうに灯台の役目をする塔が立っていて、そこの浜は満潮になったら海に沈むそうですが、ちょうど干潮だったので、歩いて行けたわけです。

はせくら　フランスのモン・サン・ミッシェルのようですね。

保江　はい。その塔だけが、春分のころ、真東に日が昇り、真西に日が沈むのが見られる、つまり僕が行った時期に、日の出と夕日が見える唯一の場所だと思えたのです。

事前調査なしに適当に行ったのですが、何かに導かれるようにたどり着いたのがそこだったわけです。

ちょうど夕暮れ時だったので、太平洋にドカンと夕日が沈むのを、本当に初めて見ることができました。

はせくら　すごくいい場所ですね。

保江　ええ。ちょうどすぐそばに宿があり、それがコロナ禍のためかがら空きで、大歓迎されました。

東にベランダがある部屋だったので、朝のご来光が拝めます。

日の出の時間の4時半に起きようとアラームをセットして、早めに寝ようと10時半ごろに就寝しました。

ところが、慣れない早寝で1時半ごろに目が覚めてしまって、眠れなくなってしまったのです。

真夜中でしたが、仕方がないから散歩がてら海でも見てみようかと、宿を出て、太平洋を眺めていたら、水平線らしき黒い境目から雲がわーっと湧いてきました。

ひょっとして、早朝の天気も曇りで日の出は見えないかなとじっと目を凝らしていたのですが、その雲は風で流れることなく、形も変えずに停滞していたんですね。

なんだろうと思ってしばらく見ていたら……。

矢作 雲ではなかったんですね。

保江 そうです。水平線の下にあった銀河、天の川が上がってきていたのです。

だんだんとその姿をはっきりさせた天の川は、すごく綺麗でした。

最初は、寝ぼけていたから視界もはっきりしていなかったのですが、だんだん目が慣れてきたら、満天の星だったのです。雲ひとつありませんでした。

今、新型コロナウイルスパンデミックで飛行機があまり飛んでいないこともあって、空気がすごく綺麗なんですよ。

僕は岡山県生まれなのですが、岡山で海を見ようとすると瀬戸内海になります。

瀬戸内海にはたくさんの島や、向こう側の四国がありますから、一直線の水平線から星が出てくるところなんて見たことがないわけです。

水平線に、星が並ぶ様はそれは壮観でした。日本でこんな光景が見えるなんて、と驚きましたね。

太古の時代に、タイムスリップしたような気さえしました。

はせくら　縄文人も、その光景を見ていたんでしょうね。

保江　結局、3時までの1時間半ぐらいの間、昔を思い出しながら感慨にふけっていました。

天の川のほうにデネブとアルタイルと、夏の大三角形があったな……と、だんだん思い出してきて……。

違う方向を向いたら、北斗七星もカシオペアも見えて、カシオペアがあそこなら、アンドロメダ座はあのへん。

アンドロメダ星雲があって、僕はそのあたりから来たはずですが、「もうそろそろ帰らせろよ」とか、冗談半分で思っていたのです。

そうしたら、UFOが出たんです。久しぶりに見ました。

三角形の頂点にライトがあって、グルグルと回転しながら、しばらくはアンドロメダ座のあたりを飛んでいました。

「これに呼ばれていたんだ」とわかり、お役目がある限り、まだまだ帰れないということも理解しました。

それから宿に戻って3時過ぎから4時半近くまで眠ることができ、アラームより早く目が覚めて、すぐにベランダに飛び出しました。

まったく雲がない空の下、水平線から朝日が昇ってきたのです。ぐっと上がってきて一瞬、フッと緑色になったんですね。

はせくら　世に言う「グリーンフラッシュ」ですか？

保江　そう！　グリーンフラッシュです。

はせくら　素晴らしいですね。めったに見られない現象です。

保江　僕は一度、ハワイのマウナケアで見ていましたが、日本で見られるとは思っていませんでした。

空気がよくて、快晴で、犬吠埼は風が強いと聞いていましたが、まったくの無風でした。とても素晴らしい経験で、呼んでもらえて本当によかったと、素直に感謝の気持ちがこみ上げてきました。

帰ってからネットで調べたところ、日本で元旦の初日の出が最初に見えるのは、北海道ではないと出ていたのです。

犬吠埼の、僕が行ったまさにその場所でした。

経度としては北海道のほうが東なのですが、元旦のころの太陽の天球軌道では、犬吠埼の干潮のときに出っ張るその場所が、一番早く日の出を拝めるところのようです。

それは、割と知られた話だそうですが、知らずになんとなく、たまたま訪れた場所がまさに的中だったのです。

淡路島諭鶴羽《ゆずるは》神社での正式参拝

はせくら 誰しも、保江先生のように、「感覚に従っただけなのに、すごくいい経験ができた」と言える人になりたいものです。しかし、なかなかそうはいきませんよね。

何か惹かれることや思いついたことがあっても、思い過ごしかもと心の中で打ち消したり、あるいはできない理由をあげつらってみたり。

時間がない、お金がない、などと様々な制約で自らを縛ってしまい、かすかな感覚に従えないと思うんですね。

そうした自分へのリミッターを外すのに、何かコツはあるんでしょうか?

保江 いいところをついてくれましたね。さすが、はせくらさんです。

はせくら 読者代表としての質問です(笑)。

保江 僕は、そんな流れに乗ってみて、結果、すごいことになったと驚くことが頻繁《ひんぱん》にあります。最近は、それが増えてきました。

特に去年（2020年）から今年にかけて、つまり新型コロナウイルス騒動が起きてからのことですね。

僕はウイルスには感染しない、大丈夫だという自信があったのですが、どうも神様がそんな僕を、サポートしてくれているようなのです。

思いつきで行動すると、次から次へと面白い、好ましい状況になっていきます。

それで、ふと思いついたことに従ってみるのが本来の人間の動きだと、だんだんと確信を深めていきました。

特にこのコロナ騒動以降は、揺らぎのない自信になってきているのですよ。


犬吠埼に行く前に富士山の麓にいたのは、浅間《せんげん》神社にお参りしなくてはいけないと思い立ったからなんですね。

その経緯をお話ししますと、今年2月14日、バレンタインデーの日曜日に、京都で講演会があったのです。

そこに女性が二人、参加してくださいまして、講演会終了時に、伝言がありますと言われました。

まさか、神様からの御伝言じゃないだろうなと思いつつうかがうと、淡路島にある諭鶴羽《ゆずるは》神社の宮司様からだとおっしゃるんですね。

諭鶴羽神社はとても立派な神社で、僕も行ったことがありました。

しかし、その宮司様と面識はなかったので、どういう伝言ですかと聞いたら、「明日、神社までおいでください。明日が無理なら近々にぜひ」ということでした。それで、「なぜ諭鶴羽神社の宮司様が僕をお呼びなのでしょうか？」とお答えすると、「詳しくは聞いていないのですが、諭鶴羽神社の神様が、保江先生をお呼びだということです」と。

諭鶴羽神社は伊弉諾《いざなぎ》、伊弉冊《いざなみ》を祀っている神社ですから、その神様方に呼ばれているのかと思いました。

翌日の15日は京都から岡山に車で帰るつもりでしたので、淡路島に行けないこともなかったのです。帰る以外の予定はなかったので、本州を走るのではなく、淡路島から四国経由で帰ってもいいかと思えました。

「失礼ですが、明日になってみないとわかりませんとお伝えください」とお答えして、その日はホテルで寝ました。

そのころ、京都は夜中から豪雨で、翌朝、目が覚めてもものすごい雨音が聞こえていました。朝8時になって、

「土砂降りですし、今日はやはり無理ですから、またの機会に……」と電話で伝えたのですが、もう淡路島に帰られていた女性は、

「こちらはもう小雨ですよ。おいでいただくころには止んでいるんじゃないでしょうか」と。

はせくら　じわじわと外堀を埋められていく感じだったんですね。

保江　はい。もう外堀が埋められてしまい、観念して「わかりました」とお答えしました。手ぶらではなんだからと、ホテルのそばにあった有名なお店で羊羹を買って出発しました。土砂降りの中、車を走らせて、淡路島にかかる明石海峡大橋を渡ったら、なんと雨が止ん

だのです。

はせくら　淡路島は、「国生み神話」の聖地ですものね。

保江　はい。それで、午後1時半ごろに着きました。講演会に来てくださった女性二人も、諭鶴羽神社の鳥居のところで待っていて、「宮司様がお待ちです」と案内してくださいました。

想像よりもお若い宮司様で、神官の正装で待ってくださっていました。

まず拝殿に通してくださり、

「これから正式参拝を執り行います」とおっしゃられたので、ちょっと驚きました。

僕は平服で、幣帛《へいはく》（＊神道の祭祀で神に奉献するもの）も用意していません。

気まずい思いになりつつも、やむなくお土産の羊羹を神棚にお供えしていただきました。

祝詞を奏上してくださったのですが、保江邦夫という名前が何ヶ所かに入っていましたので、わざわざ僕のために用意してくださっていたことがわかりました。

きちんとした幣帛を用意していなかったのは一生の不覚、本当に申し訳ないなと思いました。それで、

「短い祝詞にしますので、私も奏上させていただいてよろしいですか。こちらの神々へのお礼の気持ちです」とうかがったら、

「ぜひお願いします」と言っていただけたので、僕が御神前に座りました。

宮司様と女性二人が後ろに座っていらっしゃる中で、短い伯家神道の天之御中主祝詞を奏上させていただき、拍手を打ちました。

かなりの回数の拍手なのですが、最後にポンと打ったら、拝殿の上の照明がポンとつきました。

宮司様が気を利かせて、終わったところで電気をつけてくださったのだろうと思い、振り向いて「ありがとうございました」と言ったのですが、宮司様は頭を下げておられました。

後になって同席の女性に、

「さっき、僕がした最後の拍手のタイミングで、宮司様は、照明のスイッチを入れられたんでしょうか?」と聞いたら、

「いえいえ、宮司様はずっと低頭されて、祝詞や拍手を聞かれていましたよ」とおっしゃる。

そうするとこれは、伊弉諾、伊弉冊が喜んでくださっていることの表れかと思いました。

ミッション「富士山と諭鶴羽山を結ぶレイラインに結界を張る」

保江 宮司様と少し懇談して神社を案内していただいた後、女性二人が、「宮司様に奥宮にお連れするように言われております」とおっしゃる。

淡路島最高峰の山が諭鶴羽山で、てっぺん近くに諭鶴羽神社があるのですが、その先の奥宮に案内してくれるとのことでした。

車で少し走って、さらに歩かないといけない場所なのですが、すごく良いところでした。露出している岩がそのまま磐座《いわくら》になっていて、そこに杭が打ってあるんですね。それは、国土地理院かどこかが目印として打っているもので、なんと本州まで貫いている中央構造線が唯一、地表に露出しているところだというのです。

案内の女性が、

「この向こうは富士山なんですよ。富士山と諭鶴羽山を結ぶ、このラインが重要なんです。日本の中央構造線に沿ったレイラインです」と、教えてくださいました。

「では、富士山にも諭鶴羽神社のような場所があるんですか?」と聞くと、

「向こうはもっとたくさんあるようですよ。今、中央構造線に沿う日本のレイラインの結界をきちんとしておかないと、日本が駄目になるという話があるんです。

今日来ていただけたことで、おかげさまで結界が張られたように思えます」とおっしゃいました。


帰りは、徳島・高松経由で、瀬戸大橋を渡って岡山まで行こうと思っていました。そのほうが、距離的に近いんですよ。

カーナビを入れたら案の定、そのルートが最短と出ましたので、ナビの指示どおりに運転して、最寄りの高速道路のインターに入りました。

すぐに岐路があって、左が神戸、右が徳島の矢印が出ていたので、当然右に曲がるつもりでいました。

カーナビも、「右折です」と言っています。

ところが、なぜだか腕は左にハンドルを切ってしまって、神戸方面に走り始めたのです。カーナビは、次のインターで降りて戻るというルートを示すのですが、僕はわざわざ高速を出るのが嫌になっていました。

真っ直ぐ走らせるうちに、神戸経由のほうが近くなった時点でカーナビもそのルートを案内するようになり、結局、いつもの山陽自動車道を走っていました。

「見慣れた景色でつまらないな。四国横断のほうが目新しかったのに」と思いつつ、岡山インターの手前を走行中、高速道路の電光掲示をチラッと見たのです。

すると、「瀬戸大橋は強風のため通行止め」と表示されていました。徳島経由で行っていたら、岡山に帰れなくなるところでした。

はせくら　すごい直感が働いたのですね。

保江　いずれかの神様、大いなる意志からのこのわずかなる囁《ささや》き、それを感じるといっても、そのときの僕の自我意識では、感じられてもいなかった。
でも体が勝手に動いて、ハンドルを逆に切っていたんですね。

先ほどの「自分のリミッターを外すコツは？」というご質問に対しての一つの答えは、「**自分の気持ちと実際の行動が正反対になったようなときに、その行動を否定するな**」ということです。

うっかり通り過ぎてしまったとか、右に行かなくてはいけないのにうっかり左に向かってしまったというときに、頭で考えてもう1回やり直す必要はない。理性で判断せずに流れに任せて進んでみるわけです。

そうするとそこに何か、主に神からの助けがあることがとても多いのです。

はせくら　私は今、標語を思いつきました。
「うっかりは　神からの　おみちびき」（笑）。

保江　いい標語ですね！　そのとおりです。

富士山浅間神社での不可思議な出来事

保江　その後、１ヶ月ぐらい経ってから、富士山に行かなくてはと思うようになったのです。振り返ってみると、諭鶴羽山のてっぺんが富士山のレイラインの結界の一部だということでしたら、その結界をきちんとするためには、富士山側の神社でも同じ祝詞をあげておかなくてはいけないと思えたんですね。

富士山といえば浅間神社と思って、この前、行ってきました。

はせくら　富士吉田のほうの浅間神社ですか。

保江　それが僕は、浅間神社がいくつもあることも、何も知らなかったんですね。

富士山あたりの神社というと、皆さん浅間神社とおっしゃる。じゃあ、そこに行けばいいんだなと思ってカーナビに「浅間神社」と入れたら、ずらっとアップされてしまって。

「なんだ、この数は?!」とびっくりしました。

少し迷ったのですが、「もう、とりあえず全部行ってしまえ！」と、片っ端から行ってみることにしたんですよ。

はせくら　なんでしょうか、その量子コンピューター的なアプローチは⁉

保江　まずは、カーナビが頭に表示したものから順に、1日に7ヶ所ぐらいずつ巡っていきましたが、その中で、また不思議な出来事がありました。

とても立派な神社の拝殿の向かって右側に、すごくビリビリくるところがあったので、レイラインにあたっているのはここかなと思いました。

その神社は、駐車場が拝殿の脇にあったので、表参道を歩かずに、鳥居をくぐることなく境内に足を踏み入れていたんですね。

そこから眺めると、鳥居のほうからの拝殿の姿がとてもいい絵になりそうだったので、同行の秘書をモデルに、買ったばかりの一眼レフのカメラを望遠にして構えました。

後ろを振り返ってみると、鳥居まで続く長い石畳だったので、ノールックで下がれるなと思い、ファインダーを覗きながらそのまま後ずさっていったわけです。

するとヽすぐに足場を失ってしまって、あっと思ったと同時にヽ体が後方に倒れ始めました。

実は、後ろを確認したときにはチラッと見ただけだったので認識できなかったのですが、石畳の途中に3段の石段があったのです。

神社に着く直前までに降っていた土砂降りの雨がちょうど上がったタイミングで、路面が濡れて光っていたので、石段があるのがわからなかったのですね。

その瞬間ヽ真っ先に思ったのはヽ「おニューの高級一眼レフ、これ壊したらやばい！」でした。それで、必死にお腹のところに抱え込んでカメラを守りました。

その上ヽ僕は買ったばかりの革ジャンを羽織っていたのです。倒れぎわに受け身をとると、石畳でこすれて革ジャンが破れそうだからそれもできない。

そんなことを1秒にも満たない時間で考えながら、3段の高さから真後ろに倒れました。

普通なら後頭部をしたたか打つか、首でも折れたら一巻の終わりですが、幸いにもカメラを見守っていたため背中を限界まで丸めた状態だったので、頭にはまったく影響がありませんでした。
それにしても、背中から落ちたのに、背中も全然痛くありません。起き上がって体を動かしてみましたが、どこも痛くないんですね。着ていたジャンパーを脱ぎ、目の前にかざすようにしてチェックしてみると、雨上がりの道の水で濡れてはいましたが、どこも破れていないし、こすれてもいません。土や砂利の汚れさえついていなかったので、水を払ってしまえば何事もなかったようでした。

側におられた工事現場の職人さんが5、6人、それを見ていて、最初は驚いたと思うのですが、僕が起き上がって革ジャンを確認するころには、みんな笑っていました。あまりに何もなかったからでしょう。

それにしても、石段3段分落ちて、普通なら打ち身の痛みがありそうなものですが、痛くもなんともなく、落ちて石畳に打ち付けられた衝撃さえ感じられませんでした。ふわっと浮いて、気がついたら地面に横たわっていたという。

矢作先生が山で滑落されたときも、神様が支えてくださったんですよね。

矢作 はい。はせくらさんがおっしゃるには、かつて、私が落ちるまで4回警告してくれたそうなんですが、まったく聞こえておらず、最後は上に助けられました。

昭和54年3月に、白馬岳から槍ヶ岳を越えて南岳までの冬季単独縦走を試みていたのですが、ひどい風雪の中、途中の鹿島槍ヶ岳北峰頂上直下で雪庇《せっぴ》（＊雪をかぶった山の尾根や山頂に風が一方向に吹き、風下のほうにできる雪の塊）を踏み抜いて、北壁を約千メートル落ちたのです。

しかし、大したケガもせず自力脱出できました。

はせくら ……といっても、私の表面意識は覚えていないのですが。たまに私自身の口を借りて、指導霊や神様がお話しをされることがあるようなんです。

保江 その話を知っていたので、僕もそんな状況だったのだと理解しました。

その後も、引き続きいろんな浅間神社に行きましたが、ここの神社にはビリビリくる場所もありましたし、神様に助けられたということもあり、淡路島の諭鶴羽山と対になっているのはこの浅間神社であると確信したのです。

テレポーテーションで、大いなる力に護られていることを実感する

はせくら 神様に支えていただけたという経験は、私にもあります。はっきりと覚えているのが、4回ほど。

初回は、長男が4歳、次男が2歳のころですが、当時住んでいたマンションの階段を、次男が転げ落ちてしまったんです。一瞬のことでした。

けれども、落ちきる前に、ふわっと体が持ち上がって、ゆっくり地面に着地したため、一切ケガがなかったのです。

動揺している私を見て、長男が放った言葉が、

「天使さんが抱っこしてたからよかったね」でした。

保江 4歳児には見えていたんですね。

はせくら 私自身、もともとスピリチュアルなことに関心がなかったので、本当に驚きました。

2回目は、夏のキャンプに行ったときのこと。

ドラム缶を切って作ったコンロで、ワイルドなバーベキューをしていたのです。

すると先ほどの次男が、火に飛び込むようなかたちで、石につまずいて転んでしまったのです。

叫ぶ暇もないほど一瞬のことでしたが、気がついたときには、次男はドラム缶から遥か離れた場所で、コケていたのです。

保江 瞬間移動ですね。

はせくら　転ぶ瞬間、私の眼に見えたものは、白い何本もの手が、次男の体を引っ張っている様子でした。あまりに不思議すぎる体験でした。

3回目は、三男が2歳のころです。ふと目を離したすきに、塀の上によじ登ってしまい、今、まさに落ちようとする瞬間を目にしてしまったのです。

「あ！　危ない」と思った次の瞬間には、息子を抱っこしていました。といっても、私は、その場にいたわけではなく、10メートルは離れた場所から目撃していたのです。

そうしてまた2週間後に、4回目の体験があったのですね。それは、遊園地で遊んだ後、家族に三男を見てもらって、私はお手洗いに行ったのですが、そこの窓から外が見えて、セーフティロックをしていないベビーカーから、三男が勢いよくずり落ちて、地面に落ちる瞬間を目にしたのです。……と、気がついたらやっぱり抱っこしていました。

面白いのは、周りの人が、いつも誰一人、気がついていないことです。当たり前に「あ、戻ってきたのね」と言って、それで終わりです。

さすがにここまで続くと疑いようがなくなり、**私たちは目に見えないところで、大いなる何かに護られているのだ**と思うようになりました。

保江 僕の体験も同じです。

浅間神社で写真のモデルになってくれた秘書は、一部始終を目撃していたんですね。

僕が後ろに倒れていくのが見えたとき、彼女も、なぜか時間が止まったと言っていました。

彼女が立っていたところは僕からかなり距離があって、駆けつけるのは間に合わない、しかし、助けに行かなきゃと体を動かそうとしたのですが、動作が粘るというか、いつものような速度では動かないのだそうです。

僕が必死でカメラを抱え込んだのも見ていたのですが、僕の体も、異様にゆっくりと倒れていったといいます。

スローモーションでひっくり返って、本当にふわっと着地したと。

人は崖から落ちるときなどに、感覚がゆっくりになるという話はよく聞きますが、それは当事者の話です。

はせくら　秘書の女性にもそれが起きたというのは、不思議ですね。

保江　僕の感覚よりも、もっとゆっくりに見えたようでした。

最初はびっくりして見ていた工事の職人さんたちも笑い始めたし、こんな落ち方だったら

それほど心配もいらないだろうと思ったと秘書は言っていました。

脳のリミッターが解除され、時間がゆっくりになるタキサイキア現象と中今

はせくら　矢作先生が山で滑落したときは、いかがでしたか？

矢作　やはり、ゆっくりでしたね。それを、**タキサイキア現象**というのですが。

保江　光より速いタキオンのタキですね。

矢作　そのタキです。タキオンの語源は、「速い」を意味するギリシア語です。頭が危機を回避しようとフル回転して速くなることで、周りがゆっくりに見えるのがタキサイキア現象ですね。

今のお話で面白いのは、秘書さんもその現象を経験しているということです。

おそらく彼女にとっても、その瞬間はものすごいストレスだったと思います。

精神であろうと肉体であろうと、**ものすごいストレスが突如としてかかったときに、霊体が肉体から緩む**ということがあります。

はせくら　精神と肉体の接続が弱くなるということですね。

矢作　はい。そうすると脳のリミッターが解除され、時間がゆっくりになる。

秘書さんにも、ひょっとしたら保江先生が大怪我してしまうという思いで大きな負荷がかかっていた。

それで、彼女にもタキサイキア現象が起こったのでしょう。

保江　ひょっとして彼女の魂が体から離れて、僕を支えてくれたのかもしれない。

矢作　それはやっぱり、守護霊でしょう。

どなたにも、タキサイキア現象は大なり小なり働くのですが、寿命になったらそれが機能しなくなる、ということだと思います。

保江先生の場合は、通常以上に機能していますね。

まだ寿命ではないし、それ以上に、上からの御加護がとても厚いのでしょうね。


はせくら　そういえば、個人的なエピソードを、もう一つ思い出しました。

以前、友人たちと、ある名所にいった帰りに、お蕎麦屋さんに行くことになったのです。

けれどもその場所は、塀の向こう側にあって、ぐるりと周ったら5分はかかりそうな場所でした。とはいえ、その塀を越えると、30秒で到着できるのですね。

それで、肩の高さぐらいあるブロック塀を越えてしまおうということになり、一人ひとり越えていったのですが、私はその際、手を滑らせて落っこちて、顔面を塀に激突させてしまったのです。

その瞬間、記憶が飛んでいるのですが、なぜか「ペコッ」という、ペラペラのプラスチックが反り返る音が全員の耳に響いて、私は何事もなく立ち上がり、そのままお蕎麦屋さんに向かったのでした。

確か、ぶつかったはずなんだけれどなぁ……と皆で首をかしげていたのですが、1週間後、ぶつけたと思われるあたりが、黄色っぽくなっていることに気づきました。

矢作先生、これはどういうことなんでしょうか？

矢作　やっぱり、壁にぶつかった後遺症だと思います。

状況から想像すると、壁に激突したら、顔には血流が多いので、普通ならお岩さんみたいに腫れているはずです。
けれども、衝撃を和らげてもらえて、薄い黄色くらいの痕《あと》しか残らなかったのでしょう。

保江　落ちるときは、何を思っていましたか？

はせくら　ぶつかる瞬間は、至近距離に塀が見えたのですが、心で思っていたことは、「お蕎麦食べるよ」だけでした（笑）。

保江　それがよかったのかもしれない。
お蕎麦で頭がいっぱいで、矢作先生がよくおっしゃるところの中今になったということです。
僕の場合も、この一眼レフカメラだけは守らなくてはと、中今だったんですね。

はせくら　私はお蕎麦で中今、保江先生はカメラで中今ですね（笑）。

保江　リミッターを外すコツのもう一つは、まさに**中今になる**ことなんですよ。

中今になれば、神様の絶大なるご支援をいただけるのです。

中今になるにはカメラでもいいし、お蕎麦でもいい、趣味でもなんでもいいんですよ。

はせくら　中今が、すごく大事なキーポイントなのですね。

何らかのすごい修行などをする必要はなく、とにかく中今になればいいというのは、大きな福音です。

保江　それでいいんです。**特別な努力はいらない**のです。

矢作先生も、滑落されても大事にいたらなかったですからね。

矢作　その前に、小学校3年生のときに、車にはねられて頭を打っているのです。目撃者の話では、かなり飛ばされたようです。

当時は、処置も手厚くはできなかったと思いますから、脳挫傷になって死んでいてもおかしくなかったのでしょう。

絶対安静にと寝かされていただけでも助かって、今こうしているというのは、やはり何らかのお助けがあったかもしれないです。

はせくら　よく聞かれるのは、「どうしたら中今の状態になれますか?」ということです。それはつまり、無心、夢中になれる方法が知りたいということですね。

矢作　私はそれには、感謝の気持ちが大切だと思うのです。

例えば、ここにペットボトルのお茶がありますが、これを飲もうとしたとき、まずペットボトルに手が伸ばせることがありがたい。手でボトルを持ち上げられてありがたい。蓋を開けられてありがたい。口に運べてありがたい。口からのどにお茶が流し込めてありがたい。というような意識づけをしていく。

つまり、なにげない行為にも意識を向けて、そこに感謝の気持ちを乗せていけば、気がついたら他のことを考えていないという状況になるのです。

私が、一挙手一投足そのように意識をしているということではないのですが、中今の簡単なトレーニング方法としては近道になるように思えるので、そうお伝えしています。

そのうち、無意識で常に感謝をしている中今状態になれるのです。

病は気から

矢作　新型コロナウイルスを介して見えているこの事実にも、感謝があれば当然、いろんなものが違って見えてくることと思われます。

新型コロナウイルス自身は、役割を終えたらおそらく消えてしまうのではないでしょうか。

一つの例ですが、3週間、まったく誰とも接触をしていなかったアメリカに住むおばあさんが、コロナに感染したという事案があります。

その原因というのは、結局、はっきりしなかったのですが、一つの解釈としては、食料を配達してきた人、この人におばあさんは直接会ってはいないのですが、何らかの影響でウイルスをもらったということです。

しかし、私は、それまでにウイルスがおばあさんの部屋や自分の体にいたのが、不安・恐怖で急に増えて、感染症状を呈したのではないかと想像したんです。

そのほうが、むしろリアルではないですか？

逆に考えれば、意識一つで消えてしまうように思えます。


保江　それ、すごく共感できます。

僕は以前、しょっちゅう風邪をひいていました。

年に3回か4回、しかも、インフルエンザのような症状が出る、きつい風邪です。

ゴホゴホと咳をしている人がいると、必ずといえるほど伝染っていました。


一番ひどかったのが、地下鉄に乗ったときのことです。

満員状態に近いような込み具合で、僕はつり革につかまっていました。

たまたま目の前に座っている女性が目に入りまして、「ああ、この人は疲れて具合が悪そうだな」と思っていました。すると、ゴホゴホと咳をしだしたんですね。

「あれ？　この人、インフルエンザかな？」

そう思った瞬間、なぜか僕もゴホゴホと咳が出始めて、体が熱っぽくなってきたのです。

しかし、風邪やインフルエンザで、罹患から発症までそんなに早いことはありません。必ず潜伏期間があるはずです。

それなのに、一瞬で伝染って症状も出るという、そんな罹り方が多かったんです。

他の例として、やはり電車に乗っているときに、隣の車両に、綺麗な女性がいることに気づきました。その途端、女性が咳き込んでしまい、ただ見ていただけの僕も、同じく咳き込んだのです。

つまり、注意を向けただけなのに、なぜか症状がそのまま伝染ったようになり、その後、熱まで出してウイルス感染のようになってしまったのです。

ただ、ある年の夏から、人の病気をもらうことはなくなりました。

だいぶん前の話になりますが、アメリカの大学寮に泊まったときに、プールで泳がせてもらいました。そこの更衣室で、水虫を伝染されたのです。

皮膚科にも行きましたし、対症療法、民間療法、あらゆる治療法を施したのですが治らないんですね。

熱いろうそくの蝋《ろう》を患部に垂らすという方法や、夏の、ヤケドをするくらいに熱い砂浜を裸足で歩いてもみたのですが、効果なし。

それが、ある夏、イタリアの学会に行ったときに、蚊に刺されまして……。

発疹のようなものが出て、帰国後に皮膚科に行き、塗り薬と飲み薬をもらって服用したら、すぐに消えてしまいました。

そして、気がついたら、なんと水虫まで治っていたわけです。

はせくら　蚊が治してくれたのかしら？

保江　20年ぐらいも前の話になるのですが、その影響で僕の左耳はほとんど聞こえなくなりました。
2週間くらい緊急入院して、ステロイド大量投与、ブロック注射など、ありとあらゆる治療をやってみたのですが、全然効きませんでした。

最後にお医者さんが下した診断は、「多発性脳神経症」。脳神経にウイルスが付着して起こる病でした。ウイルスの付着を取ることはできない、薬ではどうにもならないので、一生このままだと言われました。

これは厄介だな、と思っていたのですが、実はそれ以来、僕は風邪をひかなくなっているようです。

僕の側で風邪っぽい人がゴホゴホと咳をしても、インフルエンザが大流行して周りの人がみんなかかっても、僕だけは伝染らないようになったのです。

矢作　昔からいわれている、**ウイルス干渉**（＊あるウイルスが体内の細胞に感染すると、他のウイルスには感染しにくくなるという現象）ですね。

ウイルス干渉は、例えば、新型コロナウイルスとインフルエンザウイルスの間でも認められています。

新型コロナが蔓延し始めてから、世間ではインフルエンザがまったく広まっていないんです。

保江　ウイルス干渉は抜群ですね。

今回の新型コロナウイルスだって、この先ほとんどの日本人がかかったとしても、僕には取り付けないいんです。

矢作　それはありがたいお話ですね。

耳鳴りは、カオスな宇宙の情報が降りるサイン

保江　ただ、うっとうしいんですよ。今でも、常に耳鳴りがしているのです。左耳の中で、常に蝉《せみ》が鳴いているような状態で、左耳が聞こえないのですから。

はせくら　それって、宇宙の音かもしれないですよ。

矢作 そうですね。

私も実は、ちょうど10年ぐらい前から、左耳だけそうなっているんです。

他には、霊聴が聞こえ始める前に、ジンジンしているような状態があるようですね。

保江 やっぱりそうですか。

霊能力を持つ方の多くが耳鳴り持ち、という話も聞いたことがあります。

はせくらさんもありますか?

はせくら 私は普段、耳鳴りはないですが、耳のちょっと上の部分がピンと逆立つような感じになるんです。そのときは、「あー来るな」と思いますね。

矢作 アボリジニもそうだといいますよね。

ある白人が、アボリジニのおじいさんとしばらく一緒に生活をしたそうなのですが、アボリジニはテレパシーで会話ができると聞いていた彼女は、

「どんなふうにするのですか?」と聞いたそうです。

おじいさんは、

「うーんと集中するんだよ」と答えましたが、その人はなかなかできなかったそうです。

それで、

「うまくできる方法はありませんか？」と聞いたら、

「簡単だよ、二つのことさえできれば」とおじいさんは答えました。

「一つは嘘をつかないことで、もう一つは我がないこと」

どちらも、近代人には難しいでしょうね。

はせくら　私の場合は、耳の鼓膜の少し上に、ピーという独特の信号音がくるのです。
その音が聞こえてきたときは、違う周波数の意識体が、コンタクトしに来ているなという
ことがわかるんですね。

保江　鼓膜の上のほうというのは、僕もそうなのでわかりますよ。
はっきりとその箇所を指摘されたのは始めてのことです。同じように感じられている方が、
ここにもいらしたとは……。

はせくら 3次元的にはウイルスが原因といわれているかもしれませんが、逆にそこが、カオスな宇宙の情報場という気がするんです。

矢作 そのおかげでいろんなインスピレーションも得られるのでしょう。

保江 そうかもしれません。

それから、ウイルスについて意外に知られていないのが、その広がる度合いは、実は人（感染者）の行動範囲とはあまり関係がないということです。

矢作 そうです。その最たるものがヨーロッパでの話です。

ロックダウンをしなかったスウェーデンと、ロックダウンしたイギリスやフランスとを比べると、人口当たりの死亡者数はだいたい同じです。

ノーベル賞を受賞したような経済学者ですら正しく解析できず、ロックダウンはやはり必要だと言っていますが、おそらくそれは体制側から言わされているようなもので、気づく人はみんな気づいているのではないかと思います。

それに、例えば、致死率80%というよほど強いエボラ出血熱などだと、逆に放っておいても宿主がすぐに死んでしまうので広がらないのです。

保江　そうですよね。エボラとかの本当に怖いものはやってきませんよね。

矢作　どちらに転んでも、トータルとして積分すれば一緒なんですよね。

保江　今の台詞、大好きです。「積分すれば一緒」。

矢作　ロックダウンすれば水際で止められる、という考え方もあるでしょうが、結局、一時しのぎにすぎません。

物流や人の往来をなしにして、永遠に経済をストップするわけにもいかないでしょう。

我々は自然の一部なのだから、自然のウイルスとも共生していく、と思わない限り無理があるんです。

保江　そうですよね。同じ自然の仲間なのだから、共生していかないといけませんね。

矢作　昭和23年にストレプトマイシンという抗生物質が日本に入ってくるまで、日本人は結核菌で、今の人口に換算すると毎年30万人も亡くなっていたのです。

そんな状況で、我々の親の世代が困っていたかというと、そんなことはなかったのですね。

そんなときにも、世界相手に戦っていたのですから。

やはり、心の持ちようだと思います。

結核が蔓延して人類が滅亡するかというと、そんなことはありえない。なぜなら、細菌は宿主がいなくなったら困ってしまうからです。

はせくら　細菌側からすると、心中はしたくないですものね。彼らの号令は、ただひたすら「生き伸びよ」と発せられていますから。

「一人ひとりの心の中に神社を持ちなさい」

矢作　話を戻しますと、インフルエンザにかかっていたころの保江先生は、罹患者に完全に共振してしまっていたわけですね。

保江　はい、共振です。

先生がおっしゃった、家にこもっていたのにコロナに罹患したというおばあさんも、テレビニュースなどを見て共振したんじゃないでしょうか。

矢作　ええ。エネルギー波として共有した瞬間に、ウイルスが生じてしまったんでしょう。

はせくら　周波数ということで、説明することができないでしょうか？

保江　相手の周波数をチューニングしたような感じでしょうか。

注意を向けた相手と、共振してしまうようです。

矢作　同調といったほうがいいかもしれないですね。

はせくら　メタトロン（＊ロシアで開発された医療機器。人体の各臓器・部位から発せられる周波数や、全身の生体磁場エネルギーを読み取り、数字で評価する）という機器があります。それで測定すると、テレビをよく観ている人の生命エネルギーは、観ない人と比べて低下しやすいというのを聞いたことがあります。

保江　それは納得ですね。

僕の岡山の秘書は、10年以上の付き合いですが、一度も風邪をひいたことがないし、病気にかかっているのを見たことがないですね。

本人が言っていました。

「私は岡山の田舎で育って、山の中を駆けずり回っていましたし、マタギの父がヤギや犬など、たくさん飼っていました。動物の血抜きなども手伝わされていたから、ウイルスには耐性もあって、丈夫なんですよ」と。

彼女の家にはテレビがないので、今回のようにコントロールされたようなネガティブな情報も入ってきません。
テレビを観ると、とにかくろくなことがないと言っていました。
やはり、テレビは悪い影響がありそうですね。

はせくら　どこに同調するかというのが問題ですね。

保江　神様に同調していればいいのに、テレビに同調したり、風邪をひいている人に同調したりするのがいけないわけです。
だから、常にすごいところに同調していること、それを中今というのかもしれませんね。

キリスト教の神父様やシスターたちは瞑想をするときに、「**御心を神に捧げる**」という表現を使います。
しかし、御心を神様やマリア様に捧げている間に空いているところに、悪魔がスッと入り込んでしまうのです。

それで、隠遁者様やシスター渡辺和子（『置かれた場所で咲きなさい』〈幻冬社〉の著者）がおっしゃるのが、**自分の御心、魂を神に捧げるときには、空白になるところに精霊をお迎えしておきなさいということ。**

精霊をお迎えしておけば、悪魔がそこに入ることがない――魔が差すことはないのです。

はせくら　そうしたら、精霊様がずっといてくださるのですか？

保江　また魂が戻ってきたときには、精霊は抜けてくれるようです。

はせくら　仲取り持ちをされるんですね。

捧げるというのは聞こえはいいのですが、私には、自分の存在そのものに対して全託の信頼をしていないように感じられるんです。

何か欠如しているところがあるから、捧げることによって補完したいという気持ちがあるような。

保江　ギブアンドテイクになっているのですね。

はせくら　それは、中今、無垢の状態ではないですよね。

矢作　神を自分の外に出してしまうと、そういう発想になるんでしょうね。

去年（２０２０年）６月に、一人ひとりの心の中に神社を持ちなさいというメッセージがやってきました。

神社にわざわざ行く必要はなく、内なる神社でお祈りをする時代になるということでした。

はせくら　キリストも、「あなたたちが生ける神の宮である」というようなことをおっしゃっておりましたね。

保江　今の宗教は、枠組みしかないですからね。

特にキリスト教は、信者の気持ちを外の神に向けさせるのです。

教義では、神に自分の心を捧げよとされているので、信心深くそれをやっていると、信者たちに悪魔が入ってきてしまう。

隠遁者様やシスター渡辺のような、ごく少ない心あるカトリック指導者は、それを防ぐためにせめて精霊をお迎えしておきなさい、としているんでしょう。

魔の手ができるだけ及ばないように導いてくださっている……、それこそ、一隅《いちぐう》を照らしてくださったんですね。

はせくら　戦うのではなく、従いながらも自身を守れる方法をお示しくださったんですね。

矢作　はせくらさんが言われるような、自分の存在への全託の信頼を、本来なら皆が持っているはずなんですが。

つまり、自分の中から神が見える、神だけでなく周りが見える。

心を外に捧げてしまうとスペースが空いてしまいますが、中から外を見ると、神を含めたすべての外の存在と自分とが一つになるという感覚が持てるのだと思います。

それを「内観」と呼んでもいいですが、こうすると隙がない状態でいられますよね。

Part 2

私たちはすでに、時間のない空間を知っている

すべての存在との一体感が得られる「令和の六方拝」

はせくら　すべての存在との一体感を感じる、お祈りの仕方があります。

私は毎朝行っているのですが、ご紹介させていただきますね。

もともとはお釈迦様が、「六方すべてに感謝しなさい」とおっしゃったことから始まった奉拝の仕方で、**六方拝**といいます。

六方とは、東西南北天地のことを指しますが、今、私がやっている方法は、感謝だけではなく、祝福も加えながら、オリジナルな動作をして行っています。

まず、東に向かって一礼をしてから、両手を合わせ、自分自身と両親を始め、ご先祖様に、感謝と祝福を送ります。

具体的に名前をいうとイメージしやすいです。祈りの言葉は、「ありがとうございます。どうぞ幸せでありますように」と言います。

このとき、個人的には二礼二拍手をして、天津祝詞を唱えることもあります。

次に西を向いて一礼し、両手を合わせ、家族や横の血のつながりを思いながら、同様の祈りの言葉を発します。

次に南を向いて一礼し、両手を合わせ、お世話になった恩師やマスターに、同様の祈りの言葉を発します。

対象となる方は、すでに光に戻られた人や、実際に会ったことがない方、不可視の世界の存在も含まれます。

次に北を向いて一礼し、両手を合わせ、知人、友人を始め、この地球に住むすべての人たちに対して、同様の祈りの言葉を発します。

次に東に戻って、今度は手を上に挙げ、天を仰いで、太陽、月、星、そして神様を含む、高次の存在たちに、祈りの言葉を発します。

ここで面白いのは、ただ感謝だけではなく、神様たちに対しても「幸せでありますように」

と祝福を送ることです。

最後は地です。下を向いて、手も下向きにし、地球の生きとし生けるあらゆるすべての存在に、感謝と祝福を送ります。

次に、手のひらの上に地球を乗っけていくイメージで、その地球の上に、今、祈りを送ったすべての存在たちを置いて、そのまま手を胸にそうっと当てながら、地球ごとハートの中に入れます。

こうすることで、自分という存在が、人類の、そして天地代表として、今を生きるという喜びと気迫が生まれます。

最後は感謝を伝え、一礼して終えるのですが、私はよく、そのときに柏手を打ったりしています。そうすると、最初に行った柏手と、最後の柏手では、面白いように響きが異なるのです。終わりのが、なんとも清々しく、よく響く音になっているんですね。

私は、この祈り方を「令和の六方拝」と呼んで、必要な方にはお伝えしています。全部やっても1分半ぐらいです。簡単なのにパワフルで、人生が好転しやすくなると思います。

保江　おっしゃるとおりですね。新しい人生のフェーズを始めるため、この令和の六方拝なら、誰にでも取り組むことができると思います。

ちょうど、昔やっていた、ラジオ体操みたいなものだと思えばいいんじゃないでしょうか。毎朝、何も考えずにひたすら六方を拝むという、それだけでもいいような気がします。

はせくら　なるほど！　名アイディアですね。

矢作　ある茶道のお家元がいわれた「道は形から入る」という格言ですが、形から心が入るという考え方は、日本固有の道ですね。

例えば、保守の人に迫力がないのは、本来の祈りや、様式にきちんと沿った祭祀《さいし》がないからです。

そこが、我が国が我が国たる所以なのにね。

天皇が祈り人であることのすごさ、まさに保江先生が際どいところを本にしてくださっていますが、それが本来の天皇です（『祈りが護る國　アラヒトガミの霊力をふたたび』〈明窓出版〉参照）。

世界中の上の階級の人たちが、我が国の天皇を天皇として認識していると聞いていますが、保守の人はそれを知らないのでしょう。

保江　そのとおりですね。

令和の六方拝では、まずは体を動かすというのもいいですよね。

はせくら　**体が動くと心も動きます**しね。

ところで、保江先生は「冠光寺眞法」という活人術や冠光寺流柔術の創始者でいらっしゃいますが、その中で、皆が簡単にできそうなものはないでしょうか？

保江　まずは、**愛**ですね。キリストが言った、「汝の敵を愛せよ」や「汝の隣人を愛せよ」ということも、シンプルでわかりやすい方法です。

キリストは、本当は今の矢作先生状態、何も考えていない中今状態だったと思うんです。人々に、真実を知らしめるために霊能力的な現象を見せたときに、「すごい、それはどうやったらできるのですか？」と必ず聞かれていたことでしょう。そんなときに、本当は答えに窮していたと思うのですが、何か言ってあげないといけないということで、「汝の敵を愛せよ」としたんじゃないでしょうか。

僕も、70歳に近い最近になって、ようやく中今が大切だと気づけたくらいです。キリストは30代で亡くなっていますから、すべてを理解して人に教えるには、まだ経験が浅かったように思います。

ところで、はせくらさんの令和の六方拝は、伯家神道の祝之神事《はふりのしんじ》の10種類ある拍手のうちの、7種と8種を組み合わせたものに非常に近いですね。

祝之神事をなさっている一般の方は、8種の拍手はご存知なんですが、7種の拍手があることは知らされていません。

なぜなら、天皇陛下と皇太子殿下にしか、7種の拍手は教えられないものだからです。

文言も、7種と8種を合わせたものに近いですね。

はせくら　えっ、そうだったのですか？　びっくりです。

ラジオ体操は、日本国民の集合的無意識を一つにするためのものだった

保江　六方拝というと難しく聞こえますから、いっそのこと、みゆき体操と呼ぶのはどうですか？

まさに、祝之神事のことを**御行**《みゆき》というのですから。
人が御行体操をしてくれればしてくれるほど、世の中が鎮まり、精妙になります。
感謝と祈りの言葉も素晴らしいですし。

矢作　ラジオ体操、第一第二のように、親しみが持てますね。

保江　ラジオ体操は、太平洋戦争突入前にできたようです。
東条英機やその周辺の人たちが、神道の陰陽師《おんみょうじ》的な力を利用しようと呪術部隊を編成していたんですが、いろいろな情報を集めて、国民みんなで動くための仕掛けとして作ったのですね。
本当は、あの程度の動きでは健康増進にはなりません。

矢作　あれは、**集合的無意識を一つにするためのもの**ですよね。

保江　そう、まさに。

矢作　我が国の童謡もそうです。例えば、「夕焼けこやけ」とか、歌詞の中に、天地をつなぐ言霊が入っていますね。おそらく、ラジオ体操や童謡は、ＧＨＱの検問に引っかからなかったんでしょうね。

はせくら　まさに言霊の幸わう国――普段の暮らしや習俗の中に、沁み込んでいるんですね。祝之神事についても、通説や学術的な解釈も含め、ほふりからきているといわれていますが、本当にそうなのですか？

矢作　**羽を振る**が由来ですよね。

保江　そうです！　さすが！　羽を振る姿に見えたから羽ふりなのです。まさに、**ラジオ体操は、羽ふり**なんですね。

矢作　私は、羽ふりはトーラスと関係があるんじゃないかと思っているんです。

ラジオ体操も、みんなでやるとすごいエネルギーですよね。


保江　僕は、岡山に住んでいた子どものころ、夏休みの朝、ラジオ体操に行くのが嫌でした。

でも、スタンプをもらわないと祖母に怒られるから、しぶしぶ行っていたのです。

家から歩いてほんの３分程度のところにある公園だったのですが、その公園には今でもときどき、ＮＨＫを含めテレビの取材が来ます。

なぜかというと、日本全国の公園の中でも、そこにしか残っていないものがある。

それは、ラジオ塔という、コンクリートと石で作られた高さ７メートルくらいの櫓《やぐら》です。

垂直の塔で、てっぺんの屋根の下に、四方に向けてスピーカーがついています。

昔は日本全国、どの町内にも必ずあったそうなのですが、だんだんと使われなくなって、撤去されていきました。

それが、わが家の町内の公園にだけ残っていて、今や希少価値があって、取材まで来るんですね。


ついこの間、帰省したときにはパネルができていました。

そこに由緒などが書いてあり、初めてラジオ塔についていろいろなことを知ったのです。

ラジオ塔は、太平洋戦争前に作られたものです。

当時、ラジオを持っていない家もあり、それでは大本営発表の放送を聴けないので、町内すべてに聞こえる音量で放送を流していたそうです。

そのラジオ塔の下にみんなを集めて、体操を始めたということでした。

矢作先生がおっしゃるように、集合的無意識を一つにさせて、一丸となって戦争に勝利しようという意図があったに違いありません。

陰陽師系の呪術師が、東条英機に入れ知恵したわけです。

はせくら　見える動きの奥に秘された、見えないエネルギー場を高めていたんですね。

保江　しかし、今やマスコミがやっているのは、まさに集合的無意識を逆手にとって、情報操作のような方法で人を怯えさせて、どんどん貶《おとし》めているんですよ。

それを、我々は阻止しなくてはいけないと思います。

はせくら　そうした流れからは、どうしたら自由になれるのでしょうか?

保江　みゆき体操でしょう。コロナが怖くて家にこもっている人も、みゆき体操ならできますからね。

矢作　新型コロナウイルスにも感謝して、お役目を早く終えてもらえるように。

保江　みゆき体操をすれば、神様とつながりやすくなる、みんなが良くなる、世の中も良くなる。

ラジオ塔というものを、全国に復活させればいいのでしょうか。

はせくら　一人ひとりが、**愛を放つラジオ塔**になればいいんですよ。

保江　そうですね！　歩く人間ラジオ塔になって広げましょう。

はせくら　これからは、集合的無意識をいかにボトムアップしていくかが鍵になりそうですね。

保江　今、最低にさせられていますからね。

はせくら　ボトムアップするには、やはり一人ひとりが立つ必要があります。**みんなを待つのではなくて、一人であっても自らが立つことで、気持ちがさざ波のように伝播していきます。**

保江　みんなの意識が高まるのを待つ必要はないですよね。一人ひとりがみゆき体操をして、どんどん自立していくのです。

はせくら　ちょっと体操の名前が微妙ですが……（笑）。御行のほうと捉えて、粛々と続けていきます！

心に松明を灯し、赤心で暮らす

はせくら　ジャックパイン（バンクスマツ）をご存知ですか？

北アメリカに生える松なのですが、山火事の後の、たくさんの木が燃えてしまった中から成長し、ぐんぐんと大きくなる松の木です。

どうやって芽を出していくのかというと、松ぼっくりの間に入っている種がこぼれおちるからなのですが、普段はかさを閉じているので、しまいこまれたままです。

けれども、山火事となって、日当たりが良くなったところで、松かさがパカッと開き、そこから種が蒔かれ、芽吹いていくんです。

保江　松はもともと、霊性が高い植物ですよね。

古くから神が依る樹とされて、「神を待つ」ということで、松となったそうです。

松明《たいまつ》にも文字どおり松が使われており、少しの火があればわーっと燃えるんですよ。

はせくら　松明は明々《あかあか》とした炎が出ます。

そんな「明《あか》」は「赤」に通ずるのですが、「赤」の色は、嘘偽りのない、あるがままという意味があり、赤子や赤心《せきしん》という言葉も、そこから派生しています。

松明というキーワードを聴くと、私はこの国の最高神である「アマテラス」の祈りを感じるのです。

内なる明かりを灯し、明々と周りを照らしていくというイメージです。大本神諭のお筆先の中にも、「梅で開いて松で治める、神国の世になりたぞよ」と出てきますよね。

矢作　昭和天皇も、よく松を和歌に詠まれていましたね。

はせくら　日本は「見立て」をもって比喩的に示す国柄ですから、直接的な言挙げせずとも、暗喩を使って想いを伝える。そのセンスの良さが、いつも粋《いき》だなぁと感心させられるのです。

松明でいうと、松明の火は見えますが、心の火（霊）は目に見えません。けれども、ちゃんと「ある」のです。

心に松明を灯し続けながら、赤心で暮らしていきたいですね。

話をジャックパインに戻したいのですが、その松が、山火事の惨禍を潜り抜け、タイミングよく芽吹いていくように、私たちの体の中にあるジャンクDNAも、ジャックパインの種子のごとく、いざというときに開くように設定されているんじゃないかと思うのです。

ジャンクDNAは、人のDNAの98％を占めるといいますが、それらのスイッチがオンになって目覚めていくことで、人の可能性自体がぐんと拡がるのではないでしょうか。

保江　まさにそうですね。

はせくら　なので、怖がりすぎることなく、内なる力を信頼し、勇気を持って進んでいくときなのではないかと感じます。

時代は今、アースアセンディング真っ最中、地球ごとのシフトを迎えて、人間の能力もアップデートされていくと感じます。

遺伝子については、まだまだわかっていないことが多いと聞きました。

けれども、わかっていないということは、可能性そのものであると考えているのですが、矢作先生はどう思われますか？

矢作　まさにそう。形として出していくときだと思います。

はせくら　ありがとうございます。なんだか楽しみになってきました。

「言霊の幸わう国」の基本は大和比

はせくら　ところで、形といえば、今日、面白い形象の一覧をお持ちしました。

これは、数のエネルギーである「数霊」を、ビジョンと共に可視化したものなのですが、すべての形の基本は大和比からできていたのです。

矢作　黄金比（1対1．618…、約5対8）ではなくて、大和比というところが素晴らしいですよね。

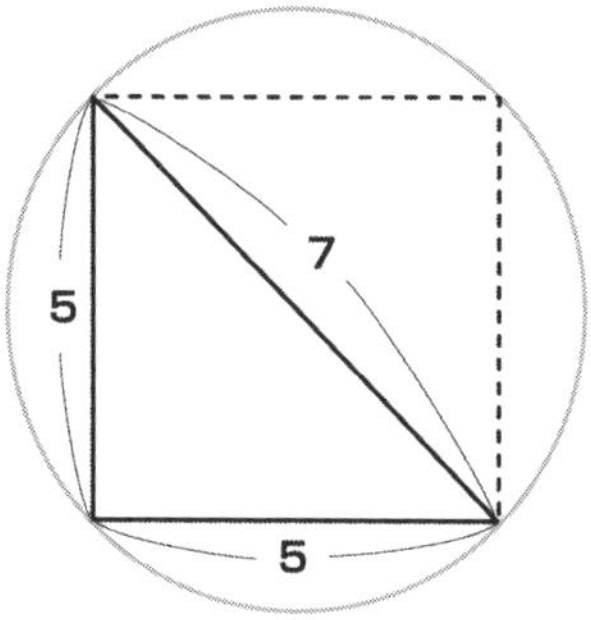

大和比（白銀比）

1：$\sqrt{2}$＝1.41421356…，約５：７

日本人に馴染みの深い比率。森の国—日本では、丸太を切って建造物を築いていたため、丸太を最大限に活かせる大きさでもある。

(円と内接する正方形で角材を作る。その正方形の一辺と、円の中心点を通る直径を結んだ二等辺三角形の比率)

俳 句

５・７・５文字

大和比の元となる丸の形（和・環）を想起させる、究極まで削ぎ落とした形式美。

和歌に秘められた大和比の比率　五と七の組み合わせの宇宙②

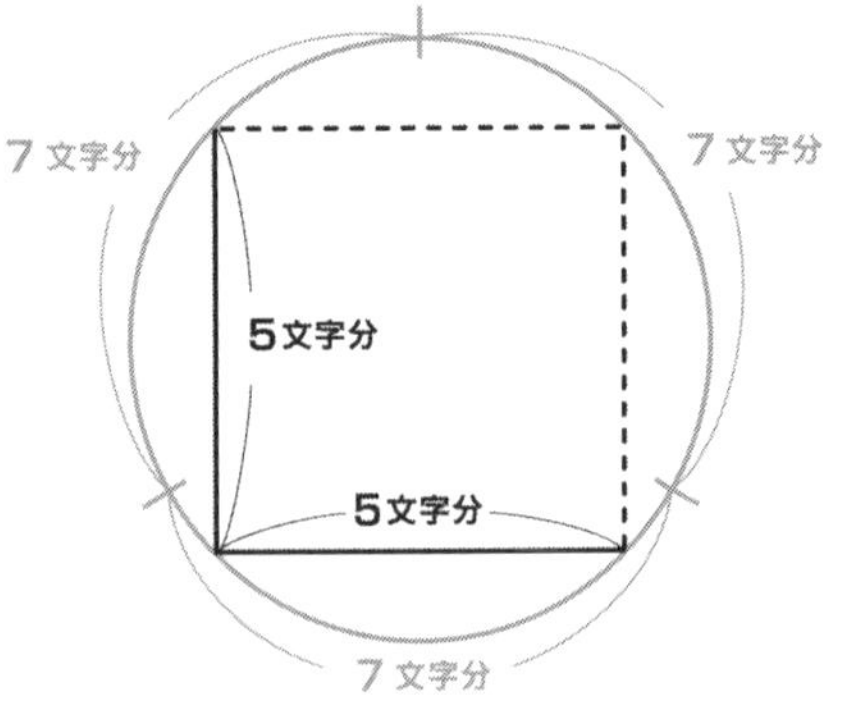
7文字分
7文字分
5文字分
5文字分
7文字分

円周（直径の3.14…倍）は、
7文字 ×3回＝約21 文字分として捉える。

短歌（和歌）
5・7・5・7・7文字

大和比の元となる丸の形（和・輪）が、より想起されるふっくらとした形式美。
（この場合の考え方は、5・5で正方形を。円周率は直径である7の約三倍の21 文字分として、捉えています。なお、円周を巡る言葉の順番は特に考慮してはいません）

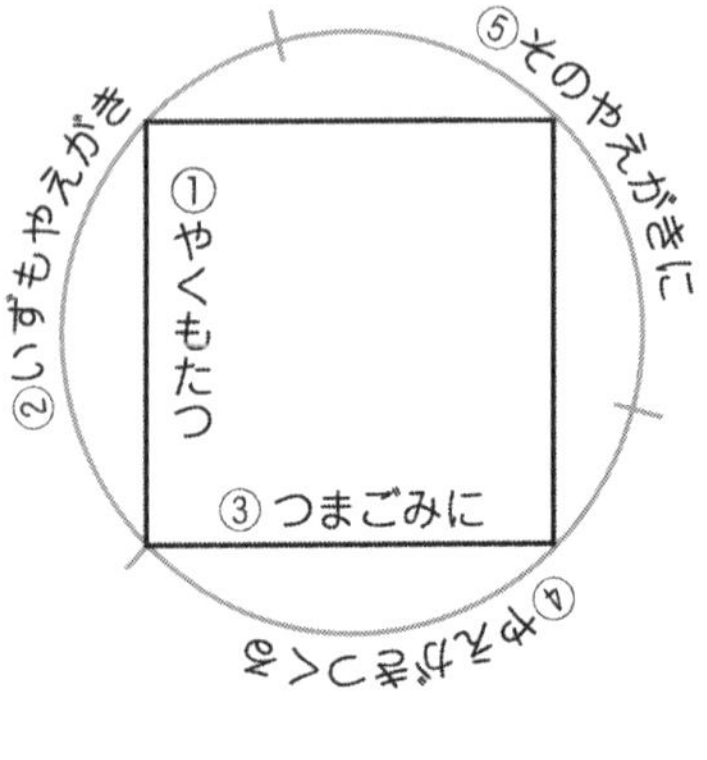
①やくもたつ
②いずもやえがき
③つまごみに
④やえがきつくる
⑤そのやえがきに

八雲立つ　出雲八重垣　妻籠みに
5　7　5
八重垣作る　その八重垣に
7　7

（須佐之男命）

形霊一覧

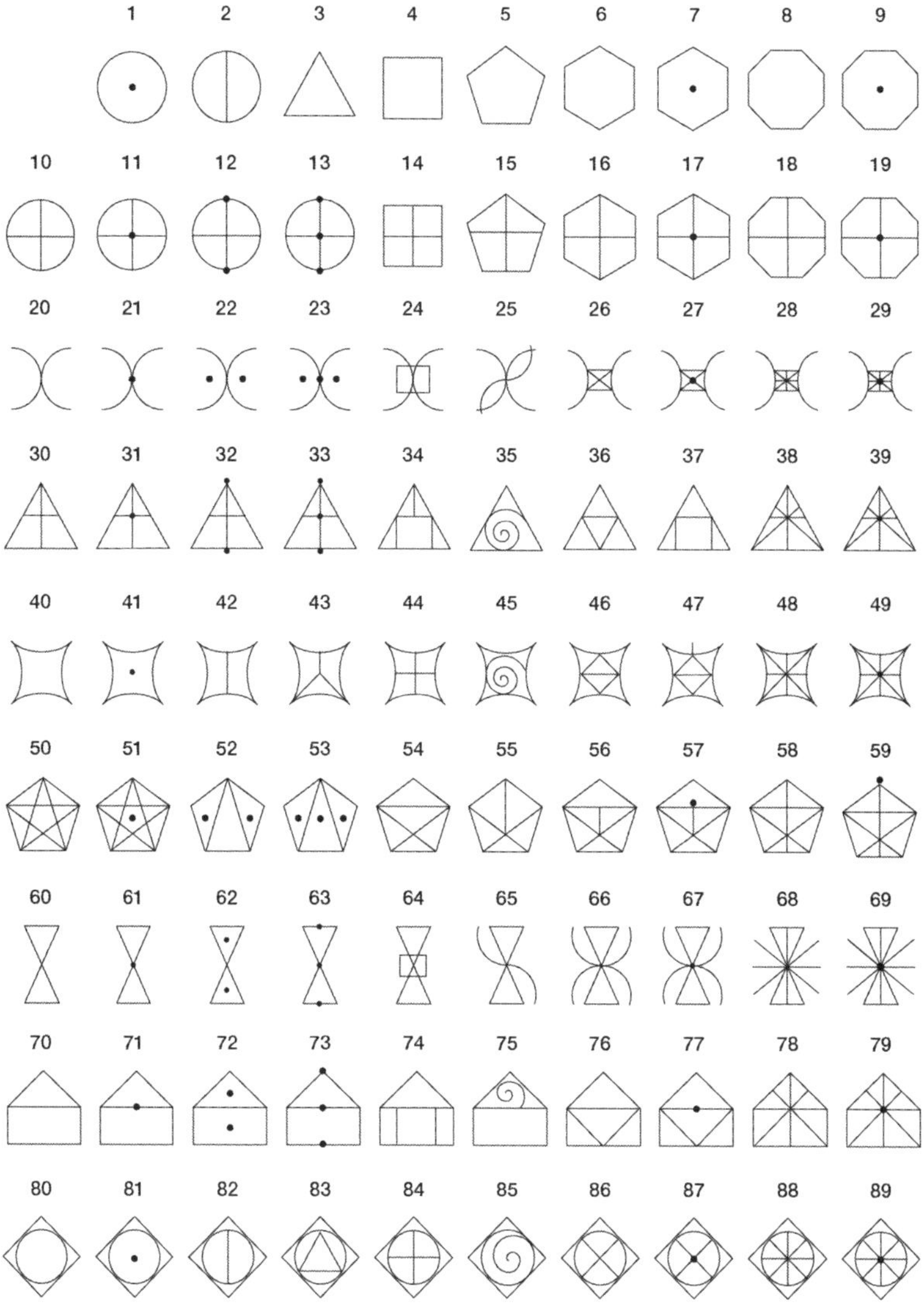

（「数霊【決定版】宇宙の叡智とつながる」深田剛史・はせくらみゆき著〈徳間書店〉より）

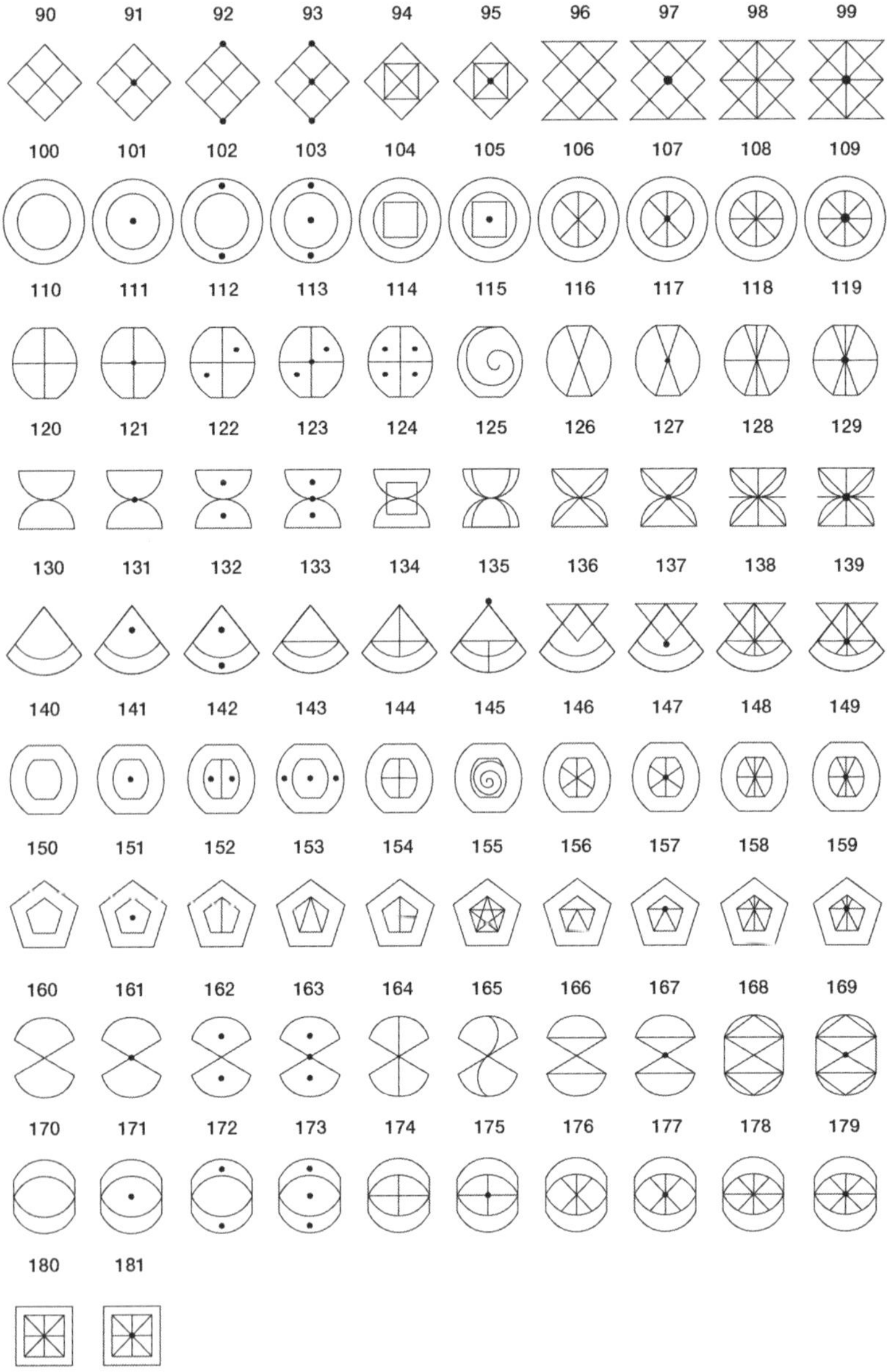
90 91 92 93 94 95 96 97 98 99
100 101 102 103 104 105 106 107 108 109
110 111 112 113 114 115 116 117 118 119
120 121 122 123 124 125 126 127 128 129
130 131 132 133 134 135 136 137 138 139
140 141 142 143 144 145 146 147 148 149
150 151 152 153 154 155 156 157 158 159
160 161 162 163 164 165 166 167 168 169
170 171 172 173 174 175 176 177 178 179
180 181

はせくら　実は、DNAの中にある一部の構造も、大和比（1対√2）でできているようです。ノーベル賞を受賞した、ワトソン・クリック両博士の研究によって明らかにされました。見える世界を底支えしている見えない部分に、大和比があることに感動したのです。

保江　この表は、いくつまであるんですか？

はせくら　181までです。

保江　これは、すごいです。

矢作　もしかしたら、元素もこれぐらいありそうですね。

保江　僕も、それを先ほどから思っていました。まだ我々が知らない元素がこのぐらいあるんですよ。宇宙人は知っているようですが。

はせくら　前回の書籍で、保江先生と対談させていただく中で、ますます霊性と科学とのつながりについて、興味が湧いたんですね。

それで、あらためて、今までの学びを振り返ってみたのですが、言葉として語る音の数の中で、面白い発見があったのです。日本人が馴染む音のリズムの……。

矢作　短歌や俳句などに出てくる五七調（七五調）のリズムですね。

はせくら　そうです！

5と7はどちらも素数です。素数とは、1と自分自身以外に約数を持たない数のことですが、平たく言うと、それ自体で独立して立っている数のことですよね。

で、俳句の575の総和も17で素数ですし、和歌も三十一文字なので素数です。

日本人の肌感覚は、どこまでいっても素数好きで、独立独歩、質実剛健を好む民族なのかなと思いました。

保江　それは、面白い見方ですね。

はせくら　また、俳句の音の数を形にして表してみると、大和比が浮き上がってくるんです。

短歌も同様ですが、この場合は、5と5で正方形を、そして7が三つで、その正方形を包む円形になるのではと思いました。これも大和比の元ですよね。

そもそも5対7の比率自体が、大和比です。こうして、リズムと間合いを取りながら、エネルギー的な幾何学模様を創って、世界を構築していたのかなぁと思ったんです。

それが、「言霊の幸わう国」のやり方だったのかなと。

保江　面白いですね、いろいろなことが腑に落ちてくる。

はせくら　他にもケプラーの宇宙コップ理論を、五母音の「あおうえい」に当てはめてみたんです。

ちなみに、言霊「あ」は正十二面体、「お」は正二十面体、「う」は正八面体、「え」は正四面体、そして「い」は正六面体として、形象的に表すことができるとされています。

そうすると、また面白い見方ができるんですね。

保江　ケプラーは直感がすごかったそうですから。つながっていた人でしょうね。

矢作　神様が、そうやって教えてくださっているんですよね。

はせくら　あとは、物理で発見された素粒子と、神様が現れた順番を当てはめてみると、ちょうど17番目に発見された粒子と、神名で表されている言霊の働きが一致したりもするんです。

保江　17番目は、ヒッグス粒子ですね！

素粒子の標準理論の正しさを示すために、実験でその存在が発見された素粒子の中で、最後に発見されたやつです。

はせくら　そうです。神名では伊邪那美《いざなみ》神となります。

言霊学では、16番目の神である伊邪那岐《いざなぎ》神が「い」で、精神原理を担当し、17番目の伊邪那美神が「ゐ」で物質原理を担当するとされています。

質量を持たない「精神」の世界から、質量を持って目に見える「物質」世界へと至る働きの要《かなめ》（神名目）が、17神目の伊邪那美神だったということになります。

神様と呼ばれるお働きは、もしかしたら、**素粒子の持つ、それぞれの働きと作用**を指しているのかもしれませんし、そうした**神々の意志が物質次元へと転写されて、神代《かみよ》をこの世とする、大調和の世界を表したくて、現在に至っているのかもしれない**と思うのです。

矢作　その大調和の仕組みを表そうと、かつての神武天皇は、神々と話ししながら進めていたんですよね。

精神と物質の両方が調和的に栄えていく時代を創るための拠りどころとして、天皇という仕組みを受け渡していく、というお話をしたのではないかと思います。

はせくら　そうですね。天皇を和語で表すと、スメラミコトになります。その意味は、御言《みこと》を統べる統括者としてのお役割です。**御言は言葉であり、命であり、天地をつなぐ依り代**でもあります。


矢作　神武天皇と後に呼ばれるようになりましたが、当時はミコトと呼ばれていました。

一切、理屈はわからないのですが、なぜその役目が必要かというところはわかるように思います。

今、なぜ私がここにいるかというと、おそらくその時から2700年後に、一般の人間として広めるお手伝いをする役割を担わされた感じがするのです。


ですから、その真理、精神物質の両方を立てるということをしないと、今はおそらく広まらないでしょう。

そのために、こういうタイミングでの、この三人のご縁があると思います。

私は、過去につながることによって、それを意味付ける役目のようですね。

保江　それは面白い。神武を通して、人類の1億年の歴史の中の3000年の文明を、潰れないようにするための仕掛けが生まれたのですね。

はせくら　私自身としては、**誰もが皆、かつて「神代《かみよ》」と呼ばれる理想世界にいた**ような気がするんですね。そこには、時間空間の縛りもなく、かなり自由に時空を行き来していたような気がするのです。

そう捉えると、**素晴らしい世界を、すでに心の奥では知っている**からこそ、そこへ戻りたいという渇望が生まれるのではないかと思うのです。

時間は存在しない——理論天文学者サー・アーサー・エディントンの論証

保江　実は、そのとおりです。先日、時間についての本を出版しました。『神様から愛される人になる　タイムデザインの法則』(ビオマガジン)というタイトルです。

その中に、はせくらさんがおっしゃるとおりのことも書かれています。

実は、**時間は存在していないのです、物理学上は**。

便宜上、時間というものがあると、いろんな自然現象を数式や数値などで分析するのに都合がいいので、概念としてはあるのですが、必要はない。本当はいらないんですね。

矢作　自転車の補助輪みたいなものですよね。

保江　そうです。それを、過去において指摘した物理学者は、二人しかいません。

後のアインシュタインに至るまで、時間というのは過去から未来に流れるものという認識でした。

その流れ方も、アインシュタインの理論では早くなったり縮んだりしますが、場所や運動状態によっても時間の進み方が違うという相対性理論まで到達しました。

しかし、やはり時間というものがあるという世界しか、思い描けなかったのです。

ところが、量子論が出てきて、量子力学では様々な矛盾に突き当たりました。

観測問題にしろ、古典力学（＊量子力学が出現する以前のニュートン力学や相対論的力学）は、自由意志と反するのです。

古典力学が正しければ、大昔だろうが未来だろうが、あらゆる物体、電磁場などの状態も含めて、ある瞬間のすべての初期条件が与えられればすべて決まることになります。

微分方程式に従って、未来永劫、全部が決まってしまうことになる。そこに、人間の自由意志が入る余地はありません。

それを、矛盾だと指摘した宗教関係者などはいました。

でも、極端なタイプの人は、

「我々は自由意志を持っていない。すべては初期条件に従って、物理法則のままに動いているだけだ」と主張しました。

これはとんでもなく、虚無的な発言です。

人を殺しても、犯罪者として裁けないような話になりますから。

「初期条件によって、殺人が起こることが決まっていたので、犯人を責められない」ということです。

犯罪者にとっては天国、もう、好き放題です。それはおかしいとわかっていても、古典力学の範疇ではそうなってしまいます。

量子力学でも、シュレーディンガー方程式やディラック方程式など、複雑にはなりましたが、それらの方程式の初期条件が決まる。それにより、その後もずっと決まっているということになっていました。


ところが、実際にはそうではない。

量子の実験をすると、**「シュレーディンガーの猫」**（＊）のように、観測した瞬間に状態が変わったとしなければ説明ができないような現象が出てきました（＊「猫」と「1時間以内に50％の確率で崩壊する放射性原子」と「原子の崩壊を検出すると青酸ガスを出す装置」を密室に入れた場合、1時間後には「生きている状態と死んでいる状態が1対1で重なり合った状態の猫」という不可思議な存在が出てくるのではないか、という思考実験）。

それまでずっと**因果律に従って整然と流れてきたことが、人間の観測という行為によって変わってしまう**わけです。


すると今度は、数学者で哲学者でもあるアルフレッド・ノース・ホワイトヘッドが「**人間**

原理」という論を提唱します。

その論では、人間がすべてを決めているというんですね。

宇宙そのものが、人間が認識しているから存在しているというところまで話がいってしまって、物理学者の間で収拾がつかなくなりました（＊「人間原理」についての詳細は、『宇宙を味方につける こころの神秘と量子のちから』〈明窓出版〉参照）。

時間は一様に流れているという概念を捨てられなかったことから、たくさんの矛盾が出てきたのです。

シュレーディンガー方程式について、物理学者は、古典力学のニュートンの運動方程式のようにある初期条件を決めて、時間が経つと波動関数が変化し、未来のあるときに観測を行うと、それまでずっと微分方程式に従っていた波動関数がいきなり収束すると考えていましたが、イギリスの有名な天文学者、アーサー・エディントンは、それはおかしいと主張したのです。

彼はサーの称号も授けられた方で、天文学では神様とまでいわれた理論天文学者でしたが、量子力学や量子論の専門家ではなく、当時、すでにご高齢になっていました。

けれども、量子物理学者が間違っているという論文を書いたのです。

この方程式を見てごらんと示したのは、なんと、複素数だったのです。

シュレーディンガー方程式 $i\hbar\frac{\partial\psi}{\partial t}=H\psi$ の波動関数 ψ は複素数で、共役複素数 $\bar{\psi}$ というものを取ることができます。

これを、共役波動関数と呼びます。

共役を取ってしまうと、シュレーディンガー方程式の時間 t が $-t$ になる方程式、$-i\hbar\frac{\partial\bar{\psi}}{\partial t}=H\bar{\psi}$ を満たすことになるのです。

つまり、逆向きの時間に関するシュレーディンガー方程式を満たしている。

それまでの物理学者は、誰ひとりとしてそこに言及していませんでした。

矢作　光を超えると、スピードでもまったく逆になってしまいますよね。

保江　古典論でいえば、そうなりますね。

エディントンは、こう主張しました。

「シュレーディンガー方程式を使うならば、正しくはこう考えなくてはいけない。

シュレーディンガー方程式は、実験前の過去においてある状態が波動関数で決まっており、それが時間とともに流れていき、任意の時間で観測したときに、波動関数の絶対値の2乗で粒子が見つかる確率が出てくるといっているコペンハーゲン解釈は間違っている。

量子力学は古典物理学と違って、過去を決めたら未来永劫成り立つような方程式ではない。ある時間の幅、過去と未来両方を決めて、まず過去における波動関数 ψ、それから未来のどこかの時点における共役波動関数 $\bar{\psi}$、この二つを決めれば、$\bar{\psi}$ は未来から現在に遡《さかのぼ》るし、ψ は、過去から現在に向かってやってくる。

その両方が合わさったものが、$\bar{\psi}$ と ψ を掛け合わせたもの、つまり ψ の絶対値の2乗 $|\psi|^2$ で、現在において、粒子が存在する確率を表す」

矢作　プラスとマイナスで挟み撃ちにするんですね。

保江　「この時間幅にしか、量子力学は適用できない。そこ以外のもっと過去や未来のことは、物理学者は何も主張してはならない」

このエディントンの考えに対して、ヨーロッパ、アメリカの物理学者はほとんど誰も反応しませんでした。天文学者は専門外だと、バカにされていたのでしょう。

私たちはすでに、時間のない空間を知っている

保江　けれども、反応した人が二人だけいました。

一人は、ロシアの大数学者で、有名な確率論の生みの親、父といわれているアンドレイ・コルモゴロフです。

この人は、「過去と未来が決まって現在の存在確率が出てくるというのは、確率論において画期的な考え方だ。素晴らしい」と応援してくれました。

確率論では、過去だけを決めて未来で儲けがどれくらいになるかなどの未来予測ばかりだったので、エディントンの見方は新しくてすごいと思われたんですね。

未来のことも不確かですが、実は過去も不確かです。
現代の人が古い遺跡を発掘していろいろと調べても、よくわからない。過去が不確かだからです。

過去と未来が決まった中間のところ、つまり中今に我々は生きているということです。
コルモゴロフはそれを、確率論の立場からより一般的に論じたのです。

もう一人が、日本人で初めてノーベル賞を受賞した物理学者・湯川秀樹先生です。
エディントンの量子力学は湯川先生の専門で、そこから素領域理論を思いつかれたのですね。

「過去と未来が決まり、その間にしか量子力学は使えない」と捉えるエディントンの考えを相対性理論のことまで考慮したら、過去と未来というのは、空間の壁でもあるのです。

湯川先生は、丸の中でしか量子力学は使えないと考え、いつも黒板に丸を書いて、その丸、つまり素領域がたくさん存在しているとおっしゃっていました。

そこからどんどん考えを発展されましたが、きっかけはエディントンの理論でした。それがなければ、素領域理論も考えられなかったことでしょう。

従って、時間的変化があると思われているのは、ある限られた幅の間のみ、しかも、シュレーディンガー方程式の影響なんですが、1階の微分方程式で、単に複素数のフェーズが変化しているだけです。

それに、変化の仕方はエネルギーの値によって決まってしまっているので、実質の変化ではないのです。何も変わっていない、見せかけだけの変化。

結局、$H\psi = E\psi$という方程式になってしまうのです。

つまり、**時間項は消せる**ということですね。限られた幅での時間発展は無意味なわけです。時間というものは、狭い範囲でしか存在しない見せかけのもので、本当は、そこにあるのはエネルギーのみ。エネルギーさえあれば、限られた範囲ですべて記述できるのです。

はせくら　例えば、インターネットには時間がないですよね。いつの情報でも並列的に全部見ることができます。

ですから、私たちはすでに、時間のない空間というのを知っているということになりますね。

保江　インターネットは、コンピューターの世界ですね。

その世界の法則は、プログラムです。

そのプログラムで今、一番使われているのが、CとかPASCALなどといったプログラミング言語で、それらには、時間の概念はないのです。

しかし、代入文といって、A＝B、C＝Dや、E＝A×Bといったものがあります。

ただ代入文を記述し、その上からステップごとに順次、プロセッサーが記憶装置の中でデータを動かして、作業をやってくれるのです。

ですから、**コンピューターの法則性には、時間というものはないん**ですね。

時間という概念は、社会的なツールにすぎない

保江　実は、僕の京都の大学院時代、一番仲のよかった同級生が、物理法則の古典力学、量子力学、素粒子論、すべての方程式をプログラミング言語で書いたのです。

彼は、コンピューター上で人工的に時間を作り出せることを示しました。時計みたいなカウンターを考えればよかったのです。

カウンターが一目盛りずつ変化するのを時間と称し、パラメーターとすれば、物理法則を記述するあらゆる微分方程式になるということを証明したわけです。

ところが、その論文は、彼がポーランドにいたときに現地の物理学の学術雑誌に発表したものだから、誰も読まなかった。おそらく、僕しか読んでいないと思われます。

けれども、その論文を参考にしたおかげで、僕は素領域理論を発展させることができました。

このようにして、コンピュータープログラミングという時間のいらない世界でも、時間があると思っている我々の生活に合わせることができるのです。

時間が同じように流れているように、見せかけているからです。

はせくら　言ってみたら、幻ですね。
私は、時間とは、この世界を歩くためのものだと思っています。

保江　社会的な道具ということですね。

はせくら　はい。社会的な共通概念としての、ゲームルールのようなものと捉えています。

保江　社会的共通概念としての時間がないと、「この橋の上で、また会いましょうね」と言って別れたら、二度と会えないですから。
昔ありましたよね、『君の名は』という悲恋を描いたラジオドラマが。
何月何日の何時に会おうとしていれば再会できたのに、「橋の上でまた会おうね」としか言っていなかったから、お互い、橋に行ってはいても、すれ違ってしまって二度と会えないわけです。

でも、例えば「あの月が次に三日月になって、西の空に15度ぐらいの角度の位置になったときに、この橋の上で会おうね」と約束すれば会えたことでしょう。

こんな場合のコンセンサスを取るために、人間は時間という概念を作り出したのですね。

仕事もなく一人で生活している人に、時間の概念はいらない、時計もいりません。目が覚めれば起きて、眠くなれば寝ればいい。お腹が空けば食べればいいし、喉が乾けば飲めばいい。

でも、**他人と連携して社会生活を営むには、時間というパラメーターを決めておかないといけない**のです。

はせくら　やはり、時間という制限、ルールは必要だということですね。

保江　**社会を営むためには、便利な道具**なのです。

矢作　縄文人には、時間の概念や時計は必要なかったでしょうね。けれども、三次元近辺で生きて、その範囲にしか意識が伸びない場合には必要でしょう。

私も、ある時代、あるポイントにフォーカスすると、そこの状況が浮かんでくることがあるのですが、なぜそうなっているのかという問いには答えられません。とにかくこうなっている、としか言いようがないのですが。

例えば、日本が将来潰れると言っている人がいる。

もちろん、その人にはそういうパラレルがあるのかもしれませんが、私から見れば、そうなれば人類がすべていなくなると感じます。

保江　わかっている、当たり前ということですね。

矢作　頭で考えずに、おぼろげでもいいから感じてもらえれば、あるいは共振してもらえれば、不安はなくなるかと思います。

今、日本はひどいありさまですが、やがて必ず人類の大調和の礎《いしずえ》になるように、今回の文明では決められているのです。

保江　エディントンが言ったように、決まっている未来と過去の間に、今も決まっているということなのでしょう。

哲学の小道の喫茶店「若王子」

保江　この話に非常に関連していると思われる、最近あった面白い出来事をご紹介します。ちょっと長いスケールの話になるのですが……。

僕は、大学では天文学科を専攻していました。なぜかというと、ＵＦＯや宇宙人の研究がしたかったからです。

大学の天文学科に行けば、当然その希望が叶うと思っていたのに、通い出したら、ＵＦＯや宇宙人について教えてくれる授業なんてまったくなかったのです。

教授には、「何をバカなこと考えているんだ」と怒られました。

「なーんだ。それじゃあ、天文学科にいても仕方がないな」と思いつつ、一応卒業だけはしたのです。

卒業後については、ＵＦＯや宇宙人について学べない大学院の天文学科に、これ以上行ったって仕方がない、かといって一般企業に勤めるような根性もなかったので、大学院では別の学科に行こうと思いました。

天文学科では、昼間は物理学科の授業、夕方からは天文学の個別の授業、夜は天文台に行って、望遠鏡で星空を観測したりします。

つまり、物理学科と共通の授業がたくさんあったので、物理学を専攻しようと思いつきました。

ただ、物理学専攻の授業には実験があったのですが、天文学科ではその時間に天文学の授業があったり、天体観測をしていたので、物理実験の経験がなかったのですね。

そこで、理論物理学しか進む道がなかったのです。

では、どの大学院にしようかと調べたら、湯川先生と朝永《ともなが》振一郎先生を排出した京都大学が、理論物理では日本一だということでした。

京大はやはりハードルが高いから、受けるだけ受けてみようと思ってトライしたのですが、なんとかうまい具合に潜りこめました。

しかし、他に選択肢もないような中でとりあえず入ったようなものなので、理論物理学の研究にも、あまりやる気は出なかったのです。

それに、長年の伝統で、京都大学の大学院の理論物理学専攻は、授業が一切ないのです。研究したいやつは、教授や先輩の見よう見まねでやってみろ、遊びたいやつは遊べといった感じでした。

そもそも、昼間の研究室にはほとんど人がいないんですよ。

みんな夜になると現れて、明け方まで何かして、下宿に戻って寝るという生活です。

はせくら　そんなに超夜型だったんですか？

保江　天文学科だったから、僕も夜は強いんです。

はせくら　ナイトサイエンスですね（笑）。

保江　下宿していたのが、ちょうど銀閣寺と法然院の間の哲学の小道の裏でした。

だいたい昼ごろ起きて、日が暮れるまでは大学も行かずにその辺をうろうろしていたんです。

一番行ったのは法然院の庭で、非常に良いところでした。

そして、よく散歩をしていたのが哲学の小道なのですが、銀閣寺から南禅寺のほうまでずっと歩いていくと、右側に大豪邸があり、庭の一角が「若王子」という名の喫茶店になっていました。

50年ぐらい前ではありますが、とてもモダンで洒落たお店でした。

大きな窓からよく整えられた庭を眺めつつ、趣味の良い茶器でコーヒーを飲むのは至福のときでした。デートにもたびたび利用していましたね（笑）。

そのうち、下宿のおばあちゃんと世間話をしたときに、そのお店の話になって言われました。

「あそこは、栗塚旭《くりづかあさひ》という有名な俳優のお宅よ」

僕は当時、栗塚旭の大ファンでした。

時代劇スターで、一番の当たり役が土方歳三。暴れん坊将軍にもずっと出ていましたし、とにかくかっこいいんですよ。

それで、そのうち栗塚旭本人にも会えるかもしれないと思って、ますます足しげく通っていたわけです。

しかし、結局、お店では一度もお目にかかれなかったんですね。

ジュネーブでの出会いと松井守男画伯の肖像画展

さて、京大の大学院に通い始めて、後半ぐらいにやっと、湯川先生の素領域理論というのにぶち当たり、

「あ！　これだ！　僕はこれに人生をかけよう！」と思えました。

指導教官は、
「そんなものをやっていたら飯を食っていけないぞ」とか言ってきたんですが、
「とにかく僕は、湯川先生の素領域理論しかやりません」と宣言しました。

それで、一人で細々とやっていたんですが、やはり状況を打開しようと、定年で退官されていた湯川先生のもとに、相談にうかがったのです。

すると、湯川先生の右腕で、素領域理論の研究もなさっていた高林武彦先生が、名古屋大学で教鞭を執っていらっしゃったので編入させていただき、引き続き素領域理論の研究ができることになりました。

その直後、スイスのジュネーブ大学で助手に採用され、その後、講師にもしてもらえました。

ジュネーブの街で、ちょっとしたご縁がありました。

今須聖雄さんとおっしゃるんですが、僕が車の購入などのお世話をしたことでお付き合いが始まったのです。

彼は、アルミの会社から派遣されて、ＭＢＡを取るためにジュネーブ大学に来ていました。

フランスに10年ぐらい駐在なさった後、その功績が認められて創業家でもないのに社長になられ、今は会長さんです。いうなれば、叩き上げですね。

しかも、理科系出身ではなく、当時は営業職でした。

はせくら　先生と出会われたから、出世されたのかも。

保江　僕は一介の学者にすぎないのに、彼は、偉くなっても何かと僕を助けてくれるのです。

そして、今から30年ぐらい前、まだ社長だった彼が、フランス政府から勲章をもらいました。

一番上がレジオンドヌール勲章ですが、その次の栄誉勲章をもらって、フランス大使館で催された授賞式に僕を呼んでくださったのです。

それとは別に、僕はフランス在住の日本人画家である松井守男画伯と、これまた不思議なご縁で京都で対談したのですが、松井画伯とは波長がすごく合いました。特に下ネタで(笑)。

(＊対談は、『人生がまるっと上手くいく英雄の法則』〈明窓出版〉に収録)

松井画伯は普段はフランスで暮らされて、ときどき日本に帰ってこられていたのですが、新型コロナウイルス騒動で、フランスに帰れなくなってしまっていたのです。

はせくら　今も日本にいらっしゃるんですか？

保江　はい。日本にずっといらして、本当につまらないとおっしゃる。僕がときどき、お酒を飲みにお連れするようになりました。

その飲みの席でいろんな話をしていると、なんと、アルミ会社の会長さんに勲章を授与したフランス大使は、松井画伯とお友達なのだそうです。

会長さんが、工場を作ろうとフランスで頑張っていたときに、現地で手伝ってくれた日本大使も授賞式に来られていたのですが、その方とも友達だとおっしゃるんです。

スモールワールド（＊世間は狭い）で驚きましたね。

そのことを先日、会長さんにお話ししたら、お目にかかりたいのでぜひご招待させてくださいということになったのです。

京都の鴨川沿いの料亭に、松井守男画伯と僕と、元フランス大使やフランス領事などが集まり、芸妓さん、舞妓さんも20人くらい呼んでくれました。

松井守男画伯は喜んで、すぐに芸妓さんたちの絵を描き始めました。

そんな集まりを、京都で3回ぐらい開いてくれました。松井画伯は、京都の色街の舞妓さん芸妓さんほぼ全員の肖像画を描いてしまったようです。

それを会長さんが全部額装して、それぞれの子にプレゼントしたものですから、もう色男で有名です。

はせくら　粋な計らいですね。

保江　松井画伯が、NHKのテレビ番組「日曜美術館」でも取り上げられたものですから、それでもワッと火がつきまして、京都の同時代ギャラリーで20日間近くにわたる肖像画展が開催されました。

その前夜祭として、関係者だけ集めてお披露目をしてから、地下のカフェでパーティーをすることになりました。

夕方5時からのスタートだったのですが、お呼びしていた会長さんは仕事で6時過ぎになるとのことで、車で到着されるのを、僕がギャラリーのビルの前で待っていたのです。

そうしたら通りの向こうから、白髪が帽子からのぞいて白い髭を蓄えた、品の良いおじいさんが声をかけてきたんですよ。

「君、そこにスッと立っていると、なかなか絵になるね」と。

「そうですか？　ありがとうございます」とお答えすると、

「ちょっと写真を撮ってもいいかね？」とおっしゃいます。

「もちろんいいですよ」と快諾しましたら、写真を数枚撮ってくれました。そして、

「ありがとう。この同時代ギャラリーのビルは60年ぐらい前から毎日新聞の社屋だったけれども、その後、40年ぐらい前に新聞社が別のところに引っ越して、ギャラリーや劇場になったんだよ」と、観光案内のようなお話もしてくださいました。

そして僕が、

「そのギャラリーで、松井守男画伯が明日から個展をやるんですよ」と言うと、

「君はその関係者かね？　美術をたしなまれているの？」と聞かれたので、

「僕は物理学者です」と。

「物理学者、へぇー」

50年の時空を超えて――エディントンの時間の理論で考察する

保江　そんなふうにお話しをしているうちに、通りがかった男性に話しかけられました。

「保江先生じゃありませんか？」

「そうです」

「私、読者です。札幌から京都に観光に来ているのですが、YouTubeで観ているお顔だったのでお声がけしました」

すると、そのおじいさんが、

「札幌かい。俺も札幌生まれだよ。栗塚旭という俳優なんだ」と言い出したのです。

彼はなんと、栗塚旭さんご本人だったのです。

白い髭を蓄えられていたからわからなかったのですが、髭がないお顔を想像すると、

「……そうだ。栗塚旭の顔だ」と、衝撃が走りました。

はせくら　驚きの巡り合わせですね。

保江　僕が京都の大学院生時代に憧れて、喫茶店に通い詰めても会えないでいた大俳優が、50年という時空を経て目の前に立っている……。

しかも、僕が腕組みをして突っ立っていたところに、あちらから声をかけてくださったという。

こんなこと、まず起きないでしょう。

はせくら　宇宙の忖度がすごすぎます（笑）。すべては導かれていますね。栗塚さんは、やはりオーラを出されているのですよね。

保江　ええ、オーラがありましたね。それに、品がありました。色は白く、鼻すじが高く通っていて、日系2世かハーフのような、イタリア人のような。日本人のお年寄りの顔ではありませんでした。

矢作　我々の世代には人気があってね。当時の、チャンバラ映画やドラマのヒーローです。

保江　今もケーブルテレビの時代劇専門チャンネルで、ご自分の番組を持っていらっしゃいます。

しかも、単なる俳優ではなく、剣術の師範でもあるのです。だから本当に殺陣《たて》がかっこいいし、様になっています。

さて、この一連の出来事を、エディントンの時間の捉え方で考察してみましょう。

昔、僕が大学の天文学科に入ったという過去と、栗塚旭さんに声をかけられたときの未来、この二つが条件として決まっていた。

その間、京都の大学院に進学し、名古屋に移ってジュネーブに行き、アルミ会社の現会長さんと仲良くなった。

会長さんが松井守男画伯をお招きして、画伯が芸舞妓の顔を描いて、他の方々ともつながっていき、展覧会も開けた。

それらすべてによって、あの日の夕方に、栗塚旭さんがギャラリーの前で僕に声をかけたという未来が決まっていたのです。

未来からの影響と過去の影響、それがまとめられたようなこの一連の出来事は、エディントンの時間の捉え方について、なるほどと僕に思わせてくれました。

はせくら　未来と呼ばれているそれぞれの人が望むものを、クリアにイメージする。

そして、過去から今までのことは、はっきりではなくても思い出すことはできますよね。

これから先の時空というのは、今ここに至るための道だったということになる。
だから、安心して今を歩けばいいのですよね。
やはり、行き着く先は当たりくじなのです。

保江　いい標語ですね。「**行き着く先は当たりくじ**」

矢作　その当たりくじというのは、今回の文明でいえば、日本がやがて大調和の世界を広めるということです。

大調和は、身心一如、そして森羅万象と一つになり、3次元で個として生まれてきていることの役割を、個が感じることです。

例えれば、体の細胞のようなもので、目の細胞、皮膚の細胞などがそれぞれの役割をまっとうして、一つの肉体を見事に成り立たせる。

それが、大調和です。

3000年近い後に現れる、物質で行き詰まる世界を、今度は物質と精神を統合して大調和に持っていく――その仕掛けとして、神武から始まる天皇を作ったというストーリーの始まりですね。

人類は、宇宙人が作ってから永らく存在してきましたが、ここから先も存在できるという、未来を教えてもらっているのです。

ですから、何も心配はいらないんですよね。

はせくら　それは、ものすごく大きな福音ですね。

Part 3

「天つ心」と一つになって
新しいフェーズの地球へ移行する

きちんとした死生観を持てない理由

はせくら　ところで、最近話題になっている、「グレートリセット」という社会的な流れは、進んでいっているのでしょうか？

矢作　今のところは、という感じですね。私は、絶対そうは問屋が卸さないと思っています。きっと最後は、クルッとより高く明るい方向に進んでいくことでしょう。

だから、いいんですよ。

闇が深いほど光が大きく見えますし、いずれにしろ、最後には明るくなりますからね。

グレートリセットは、限られた舞台から落ちないようにという、人間の悪あがきが元になっているのですね。

はせくら　なぜ、悪あがきしてしまうのでしょう？

矢作　それは、きちんとした死生観がないからでしょう。

保江　結局そう、死生観がないわけです。

矢作　ローマ帝国がキリスト教を公認しようとしていたとき、コンスタンティヌス一世がニケイアの公会議で、新約聖書を書き換えて輪廻転生をなくしてしまったじゃないですか。

あれが、出だしですね。

はせくら　西暦３２５年ですね。

まさに、キリスト教徒がキリスト意識を捨てたことを黙示するきっかけになりました。

イエスはちゃんと、

「私は神である。あなたも神である。神の中にはあなたがいる。あなたの中にも神がいる」と、神人合一を説いていたのに、気がついたら、内なる神を外に持っていってしまっているのです。イエスの本意ではない新約聖書によってね。

あれが、今の世界が混乱している原因の一つでもあるんですよね。

十字架上のキリストが言った、最後の七つの言葉の中の五番目である、「渇く（ディプソォー）」という言葉は、個人的には、人々の無明に対して言われたのではないかと感じます。

矢作　神に対して言っている言葉ではないですよね。

はせくら　ええ。そう伝えることで、人々に気づきを促し、精神性が潤っていくことを願いながら、キリストの血と肉を、人々と大地に捧げたのではないでしょうか。

保江　ローマカトリック教会が禁書ならぬ禁映画、観てはいけないとした、キリストの生涯を描いた映画がありましたね。

はせくら　『パッション』（メル・ギブソン監督による2004年のアメリカ映画）ですか？

保江　あれも、ローマカトリック教会に観るなと言われた映画ですが、その前に、『最後の誘惑』（マーティン・スコセッシ監督による1988年のアメリカ映画）という映画があったのです。ものすごくよかった。

キリストの生涯を描いた中で、『KING OF KINGS』（ニコラス・レイ監督による1961年のアメリカ映画）の次に好きな映画です。

キリストが磔《はりつけ》にされて苦しんでいるとき、女の子の守護天使が現れて十字架から降ろしてくれ、花嫁姿のマグダラのマリアと結婚することができるのです。

二人がベッドで愛し合うシーンもありますが、マグダラのマリアは割とすぐに亡くなり、弟子だった別の女性を妻にして、子宝にも恵まれ、幸せな生活を送ります。

やがて、キリストが死の床につき、かつての弟子たちにも囲まれて最期の時を迎えようとしています。

そして、ユダも現れるのですが、ユダは、十字架から逃れたイエスを非難します。

そこでキリストは、天使だと思っていた女の子が、実は悪魔だったことを知るのです。

キリストは神の赦しを請うて十字架に戻り、最後に、

「It's accomplished（それは達成された）」と言うわけです。

ローマカトリック教会が批判したのは、マグダラのマリアと男女の関係にあったとか、子どもがいたなどの描写があったことのようです。

はせくら　驚きの映画ですね……。見破るのがユダですか。

保江　そう、ユダが素晴らしいサポートをしたのです。

はせくら　私は、ユダはとても苦しかったと思うんですね。

彼は実は、裏切るという気持ちはなく、この人類の大いなる経綸を果たすために、役回りとして、事を為《な》したのではないかと考えているのです。

保江　彼のおかげで、「It's accomplished」と言えたのですからね。

はせくら　あくまで私の感覚的なものではありますが、裏切りといわれたその行為は、もしかしたら、キリストが直接、頼んだものではなかったかと思ったりもします。

というのは、弟子のうち、最もユダが覚醒していて、信頼のおける弟子であったと感じるからです。

けれども彼は、その後、ずっと汚名を着せられたまま……。

ユダの哀しみが、一つの原型（プロトタイプ）として、この世を照らす、屈折光の役割を果たしているのかもしれないと思うことがあるんです。

保江　見事な分析です。

映画の中では、「It's accomplished」と言う少し前に鐘が鳴り始めます。

ロシア正教の鐘なんですが、これも、ローマカトリック教会がこの映画を禁止にした理由の一つです。

カトリック教会の鐘ではなく、教派が違うロシア正教の教会の鐘だったからですね。

映画監督がその鐘を使ったのは、ロシア正教の教会の中で、ソビエト革命で焼かれずにすんだ、たった一つの教会の鐘だからです。

無神論を標榜するソビエト革命では、教会は弾圧を受けて、ほとんどの聖堂は破壊されました。

労働者と農民が蜂起した革命の中で、皇帝や貴族たちはこぞって逃げ出しましたが、聖職者、修道士、修道女は多くが虐殺されました。


最後に残った教会の聖職者は、とても敬虔な正教徒であり立派な方で、周辺の農民たちにも尊敬され、慕われていました。

しかし、革命を主導していた共産党本部がそこを悪の権化の象徴として農民たちを洗脳し、ついにその教会が襲われるときがきました。

農民たちが獣の目をして、武器を持って押し寄せます。

堀も破られ、最後の扉も突破されて、まさに聖職者の頭上に鍬《くわ》が振り下ろされようとしたそのとき、機転を利かせた一人の従者が、教会の鐘を鳴らすのです。

その、心に染み入るような美しい鐘の音色で、農民たちの心も和らぎました。神の御心を思い出したんですね。

農民がみんな、我に返って武器を置くことで、その教会だけは聖職者も殺されずに生き残ったのです。

矢作　キリスト教では、早い時点で三位一体の解釈がずれてしまったので、そこから、イエスの意志を受け継げていないんですね。

神と子と聖霊という、間違った解釈が一般的になってしまいましたから。

教会では、神という創造主はたった一人であって、その下にいるのがイエスや精霊だという考え方なんですね。

神が、外にあると認識した時点で、間違っているわけです。

おそらく昔、例えば縄文人は、神という概念をはっきりと持たず、言葉としてもなかったと思うんです。

例えば、我々は歩くときに足を右、左と出しますが、いちいち右、左と考えていませんよね。なぜなら、それが自然、当たり前だからです。

人間が理性を使って進化をする過程において作られた神の概念なんて、今回の文明でいえば、たかが3000年の中でできたものです。

日本人だったら、縄文の時代からすでに身心一如で、神との一体感は潜在的に持っているのです。

私は、そう感じます。

保江　新約聖書で見られるパリサイ人《びと》というのは、屁理屈をこねるんですよ。

パリサイ人の一般的なイメージは、法律やルールにとらわれて屁理屈を言うという程度のものですが、そもそも、神や精霊を理屈で考えたり、はっきりと概念化した動きをする人は、みんなパリサイ人です。

はせくら　では、現代のほとんどの人はパリサイ人の質を持っていることになってしまいますね。

『奇跡を呼ぶ少年』――催眠療法で病は治る

保江　むしろ、その逆をいくのがいいですよね。

先日、催眠療法のお医者さんである、イーハートーブクリニックの萩原優《まさる》先生と対談する機会がありました（『ここまでわかった催眠の世界――裸の王様が教えるゾーンの入り方』明窓出版）。

聖マリアンナ医科大学病院で外科部長をなさっていた方で、手術や薬ではガンは治せないと、催眠療法を始められたのです。

萩原先生に催眠についてうかがい、なるほどと納得できることがたくさんありました。

例えば、催眠は「夢中」、「中今」の状態と同じなのです。

そうした状態になれれば、ガンも消えてしまうというのですね。

少し前の話ですが、京都までの旅のお供に、品川駅で『ゴルゴ13』の200巻記念号の単行本を買って、新幹線で読みました。

その中の一つのストーリーなのですが、舞台はアメリカの病院でした。

ある少年が脳腫瘍を患っているのですが、腫瘍がある箇所がメスを入れるにはあまりにクリティカルで、主治医は手術は無理だと言うのです。

「ただし、イメージ（催眠）療法という治療法があり、それによってガンが消えたという報告があります」と医者が伝えるのですが、少年は信じることができません。

そして、少年がいるその病院に、汚いことをしていた悪徳政治家が入院することになりました。

その政治家を暗殺してくれという仕事をスナイパーのゴルゴ13が請け負うのですが、少年は、その準備の現場をたまたま目撃してしまいます。

怯えた少年が音を立ててしまい、ゴルゴ13は見られたことに気づくのですが、いつもするように目撃者を撃つことはしませんでした。

その後、悪徳政治家が病院で暗殺されたことがニュースで流れ、少年は、自分が目撃したあの男の仕業だと確信します。

「目撃者の自分は絶対に狙われている。でも誰かに話したら、もっとまずいことになるに違いない」と、誰にも話せず、一人悶々としながら病室で怯えているのです。

病室に看護師が入ってきただけで震え上がり、あの鋭い目の東洋人の男がいつやってくるかもしれないと思うと、夜眠ることもできません。

1日24時間、ゴルゴ13が自分の頭部をライフルで撃ち抜くイメージが頭から離れず、それが、何日間も続きました。

その結果、なんと、脳腫瘍が消えてしまったのです。

自分が殺される心配に意識が集中し、またうまい具合に、頭を撃たれるイメージがちょうど脳腫瘍の部分を攻撃するイメージにもなったことが幸いして、腫瘍を消失させることができました。

最後に少年が、

「主治医は奇跡だと言うが、あの男が、僕にとってまさに『奇跡を起こした神だ』」と独白するところで話は終わります。

矢作　昔のゴルゴ13と違いますね。

はせくら　人情味溢れるゴルゴ13なんですね。

矢作　それはすなわち、中今療法なのですね。

保江　そう、少年は中今になったのです。

ストーリーのタイトルは、『奇跡を呼ぶ少年』でした。

作者はさいとう・たかをという方ですが、よく勉強なさっていますね。

矢作　さいとうさんは発想が豊かですよね。

我々が若いころからずっと描き続けていらっしゃって、本当にすごいストーリーを思いつかれます。どれひとつとしてつまらないものがありません。

保江　そのとおりです。

２０２０年に、ダイヤモンド・プリンセス号で新型コロナウイルスが問題になりましたが、さいとうさんはその数年前に、似たようなストーリーを描いています。

感染フェリーにゴルゴ13もたまたま乗船していて、彼もまたウイルスに感染するのです。知り合いのウイルス研究専門の学者に電話をして対処法を教えてもらいますが、無症状の人間がいなかったので、血清を作ることができませんでした。

しかし、唯一元気で症状が出ていない、一匹のチンパンジーがいたのです。学者に相談したところ、それでなんとかなると言われ、そのチンパンジーの血を採って、遠心分離機の代わりに、積まれていた高級車のタイヤを高速回転させて血清を作り、事なきを得たという。

詳細な表現があって、本当によく勉強していると思いました。

矢作　そんな医学的なストーリーもあったんですね。

保江　はい。

『奇跡を呼ぶ少年』の話でますます、萩原先生の治療法に合点がいきました。

感謝、愛、無心を「うつらかす」

保江　それから、萩原先生とのお話で面白かったのが、我々が日常生活を無事に送れているのはすべて、催眠効果があるおかげだということです。

矢作先生がおっしゃった、歩くときに無意識に右、左と足を出しているのは、**自己催眠によるもの**なんだそうです。

歩くときの動作をいちいち考えていたら、足がもつれて転んでしまいますから。

渋谷駅前のスクランブル交差点でも、外国人の観光客は、人とぶつかるのが怖くてすんなりとは歩けないそうです。意識してかわそうとすると、逆にもたもたして邪魔になってしまう。

しかし、日本人はその状況に慣れて催眠にかかっているので、ぶつかることはない。

日常の人間生活のほとんどの部分は、催眠で成り立っているのですね。

例えば、車の運転も、慣れれば音楽を聴きながら一緒に歌ったりとか、ちょっとの間、美人に目を奪われても平気で運転できますし、事故も起こしません。

でも、パリサイ人は自然な感覚に身を委ねることができずに、常に鮮明な意識であらゆることを考え、免許を取ったばかりの人が運転しているように疲れてしまうのです。必要以上の情報をインプットして、必死で汗を流しながら緊張の中で運転をする、これがパリサイ人です。

矢作　おそらくそれは、行動パターンの問題かと思います。

例えば、繰り返して体得したものと動きというのは、頭で考えなくてもできるようになるので、その部分の脳は使わなくなりますよね。

例えるなら、サーキットをショートカットしている状態です。

催眠というと、ちょっと違うイメージに思えますから、その状態についていい名前がつけられるといいですよね。

保江　催眠というワードは、あまり印象がよくない、それは萩原先生もおっしゃっていました。僕が提案したのは、「コンタクト」と呼びましょうということです。

僕が道場で教える合気技法もコンタクト。萩原先生の治療もコンタクト。宇宙ともコンタクトしますしね。

矢作　要は、**無意識**ということだと思うんです。

保江　はい、無意識です。ただ、催眠や無意識と言ってしまうと、逆に学術用語的な先入観が生まれてしまうんですよね。

矢作　日本語で表現できるといいですよね。合気を含めた武道の中で、それに合うような言葉はないですか？

保江　ありますよ。

宮本武蔵が『五輪書』の天の巻で書いていますが、「**うつらかす**」という言葉です。

矢作　気功では放松《ほうしょう》ですが、要は**リラックスしている状態**がそれです。

保江　あくびがうつるのと、原理的には同じらしいんですね。

宮本武蔵によると、こちらが戦意を捨てて、無心な赤ん坊のような状態になると、その状態が相手に移るというんです。

敵が、こちらを殺そうと刀を振り回して向かってくるときに、こちらが無防備で敵意のない心を作ってしまうと、相手もそうなってしまうというのです。

矢作　私が、介護のときや手術室で患者を動かすときにやっていることがあります。これはせくらさんとの対談（『令和から始まる天地と繋がる生きかた』明窓出版）でも紹介した方法です。

介添えをするときに、患者さんの意識がないと、重心が分散するのでとても重たくなりますよね。

けれどもあるときに、**患者さんに向けて「ありがとう」と思うと軽くなり、「嫌だな」と思うと重たくなる**ことに気がつきました。

これは、保江先生がなさる合気上げと一緒ですね。

保江　ベッドの上で起き上がらせるということですね。

矢作　はい。

保江　僕は道場で、相手を愛することで上半身を軽く起こすというのはしょっちゅうやっているんですよ。

それを続けて何回もやると、上げられた人の腹筋が筋肉痛になります。相手の腹筋の力で、自然と上がっているんですね。

本人は起き上がるつもりがなくても、無意識レベルで腹筋を動かして上げているのです。

矢作　ありがとうと思えば、簡単に上がるので。ですから、力ではないですね。

つまり、**同調している**わけですね。

保江　相手の筋力でもない。物理効果を超えているどころか、さらに上です。

矢作　手術台に意識のない人を乗せるときに、必ず二人以上でやっていたのですが、「こうやると上がりますよ」とスタッフにも見せたんです。
最初はわかってもらえませんでしたが、そのうちみんな、理解してくれました。

はせくら　スタッフさんもできたのですね。

矢作　いえ、できませんでした。なぜかというと、心の底から思うことができないらしいんです。

保江　パリサイ人ですね。

矢作　一切、雑念をなくさないとダメなので。

保江　死体でもいけるんでしょうね。

矢作　ええ。実際、麻酔で意識のない人は、ほぼ死体みたいなものですから。

はせくら　私も、寝ているときは死体と呼ばれます（笑）。

保江　これは、僕がいう、愛することで相手が無意識にこちらに都合のいいように筋肉を動かしてくれるという話より、さらに深いです。

物理学的な重力の作用を超えた、もっとすごいものですね。びっくりだ。

「天《あま》つ心」と一つになれば、重たい機械も動かせる

保江　思い出したことがあります。

僕は、５年くらい前まで岡山に住んでいて、合気技法を道場で教えていました。

東京に拠点を移した今はその道場は閉めているのですが、僕の代わりに自主的に教えてくれている人がいます。

年齢は50代後半の男性で、中学校の先生、担当の教科は数学と理科と技術家庭です。珍しい組み合わせですよね。

はせくら　理論と実践、面白いですね。

保江　技術の先生をしている関係で、技術家庭の教科で使う、旋盤を動かしたりノコギリを引いたりする専用教室がありますよね。

彼は、そこの準備室にいつもいるわけです。

授業時間外に一人で準備室にいたあるとき、ふと、愛することで相手を軽く起こせる方法は、人間ではない物体にも有効なのかなと思ったそうなんです。

室内を見渡したら、金属旋盤が目に入った。それは、男性が4、5人で持ち上げないと移動できないくらい大きくて重いものなんですね。

その機械で試してみたら、「一人で持ち上がりました」というのです。

僕は内心、「そんなバカな」と思いました。なぜなら、金属の機械には筋肉はないので、こちらに都合のいいように体を動かしてくれるなんてありえないからです。

「それは、火事場の馬鹿力的な思い込みがあったんじゃないの?」と聞いたのですが、「いえ、人間に対するのとまったく同じように、機械を愛してみたんですよ」と。

矢作先生がなさっているのは、まさに一緒ですよね。

矢作　はい。一緒ですね。

保江　今の、「一緒ですね」とおっしゃるときの矢作先生のにこやかさ。動く自然体とでもいいますか。

実は、彼もそんな顔をしているのです。

今の中学校は荒れているのに、生徒はみんな、彼の言うことは聞くんだそうです。

教室に入ってくるだけで、みんな、話を聞く体勢に変わる。

まさに、講演会場に矢作先生が入場されるときのように。

はせくら　私は、矢作先生はとても神様に近い方ではないかと思っています。

なぜなら矢作先生は、大いなる意識と中今でつながっておられるので。

保江　宇宙、大いなる意識と、ピッとコンタクトできたときに重たいものも上がるのでしょう。

これはすごいです。きっと、空中浮遊も可能に違いない。

矢作　おそらく、それをやっているのが、ヨガの先生ではないかと思うんです。

はせくら　神道的にいうと、「**天《あま》つ心**」と一つになっているということですね。

矢作　まさに、天つ心かもしれません。

それと、先入観のない女性のほうが、上手にできるように思います。

男は頭が堅いから、つい考えてしまうじゃないですか。できなかったらどうしよう、恥をかきたくないとかね。

保江　実際の医療現場でなさっていたんですよね。

矢作　若いころはよくやっていました。

最初は、「すごい怪力ですね」と言われたんです。そんなはずないのに（笑）。

まあ、人に教える立場になってからはやらなくなりましたが。

保江　確かに、意識のない人ほど重いですからね。

先生の中では、それも普通で当たり前のことなんですね。だからできるんです。

矢作　疑わないことですね。

保江　疑わない、そうなんです。
　ついパリサイ人的に考えて、本当かなと、ちょっとでも疑うとダメなんですよね。

はせくら　１ミリも疑わないということ。それが天つ心と一つになりコンタクトできるコツなんじゃないでしょうか？
　普通は、疑い、不安などがブレーキになってしまうのでしょうね。

保江　疑いが、コンタクトを阻んでいる。

はせくら　配線の接触が悪くて、電気がつかないような状態ですね。

保江　それを日常的に、当たり前に。それがすごいんです。

新型コロナウイルスへの恐怖の原因とは？

はせくら　今は、不安や心配をどんどん消化していって、一人ひとりの質を高めていく時期だと思います。

そうすれば、アフターコロナに、ＯＳが新しくバージョンアップされた自分からスタートできると思うんです。

保江　矢作先生の、「これが当たり前。なんでもないことです」というこの雰囲気がいいんです。このさりげない雰囲気にならないとダメなんですよ。自慢していたらダメ。

はせくら　ドヤ顔ではダメなんですね。

矢作　どうでしょう。

保江　答えはそれです。つまり、不安がまったくなければ病気になりません。

どこかで「病気になったらどうしよう。怖い」と思っていたら、やはり実現してしまうような気がしますね。

矢作　神羅万象を支えている摂理の一部である新型コロナウイルスに対しても、無理解と誤解があるんだと思うんですね。

保江　そのとおりです。

自然界への理解、生命への理解が足りないということが、新型コロナウイルスへの恐怖の第一の原因です。

第二の原因は、**死を恐れている**ということ。

田舎に行くほど、コロナが怖いと怯えているんです。

特にお年を召したおじいさんおばあさんたちが、コロナにかかると死んでしまうという恐怖で、部屋にこもっているという状況ですね。

はせくら　いずれにしろ、私たちは皆、この世界を卒業する日がやってきます。

保江　戦後に、宗教観をなくしてしまった人ほど、死ぬのが怖いと言っているのです。それは、死というものがまったく理解できていないことが理由です。

今回のこの鼎談を発案したのは僕なのですが、僕がお伝えしているだけでは想像上の話になるから、矢作先生、はせくらさんとお話がしたかったのです。

お二人とも、目に見えない世界と通じていらっしゃいますよね。

矢作先生はその世界を深く理解され、かつ医学的なことや科学的なこともよくご存知でいらっしゃる唯一の人材です。

はせくらさんは理系女《りけじょ》で科学にも造詣が深く、しかもあちらの世界のことなどもよくわかっている突出した能力をお持ちです。

はせくら　いえいえ、そんなものじゃないですが……。

今回、先生からお声がけをいただいたとき、「超意識」にお願いしたのは、どうか、天の御心に適いますように、ということでした。

保江　ありがとうございます。まさに、それが必要なことなのです。

死ぬのが怖いと思っている今の日本の大多数の高齢者は、宇宙御心の神々、それから大いなる意志の存在もわかっていません。

そんな人たちが、コロナに関するでたらめな情報や、政府のでっち上げ話を真に受けてしまって、こんな世の中を作ってしまっているのです。

それをガラリと変えられるとまでは思いませんが、せめて一矢《いっし》報いたい。

ほんの一握りでもいいから、気がついてくれるような人を増やしたいのです。

日本古来の霊学を伝えるのは、天の意志

保江　それから日本人は、外国、特に欧米諸国からのプッシュに弱いでしょう。

矢作　外圧ですね。

保江　欧米諸国発信の情報を、ありがたがる傾向があります。

例えば、物理学の世界では、湯川秀樹先生が最初に素領域理論を提唱されたとき、直属の弟子たちがみんなして、湯川先生もうろくしたとか、棺桶に片足を突っ込んでとんでもないことを言い出した、なんて白い目で見ていたんですよ。

けれども、その理論をイギリスのホーキング博士が、泡理論、「バブルセオリー」と名前を変えて、後に世に出すのです。

それが、アメリカやヨーロッパに広がったのですが、それには日本人の若い物理学者は飛びついたわけですよ。

エンタメの世界でも、例えばディズニーの『ライオンキング』です。

もともとは、手塚治虫の『ジャングル大帝』がベースになっているのに、『ライオンキング』のほうが国内での受けがよかったですよね。

日本発祥であっても、外国で評価が高くなって逆輸入されるものに日本人は弱いですね。

それから、レイキがそうでしょう。臼井甕男《みかお》さんという日本人が創始者の民間療法なのに、お弟子さんがアメリカで普及させ、日本では霊気とされていたのが、外来語のようなカタカナ表記でレイキとなって逆輸入され、日本でも広まりました。

本来なら、漢字の霊気のほうが、その本質をよく表していると思いますけれども。

はせくら　霊は、崇高で清らか、静謐《せいひつ》な本質を持っていますね。精妙《せいみょう》という言葉がありますが、レベルがもっと高いのが霊妙（＊人知で測り知れないほどすぐれていること。神秘的な尊さをそなえていること）です。

とても大切な概念ですね。

保江　大正陛下の奥様、貞明皇后様は、陛下が床に伏せていらっしゃるころに、東京帝国大学法学部の筧《かけい》教授という憲法学の大家から、８回にわたってご進講を受けられたそうです。

憲法学とは、明治陛下が制定された大日本帝国憲法を学ぶ学問です。
その大家はなんと、貞明皇后様に霊魂の成り立ちについてご進講したんですね。
当時の岩波書店から、その内容が書かれた非常に分厚い本が出版されているのです。
カラー印刷で、霊魂の構造とか、御霊などの図版もあるんですよ。

はせくら　表層ではなく、本質に立ち返って生きるとは何か、私たちはどこから来てどこに行こうとするのか、何を縁にどう生きたいと願っているのか、そんな霊学の基本を伝えるのは、天の意志だと思います。

新しいフェーズの地球へ、スムースに移行できる鍵とは？

はせくら　そして、人間としての種が生き残るのに必要なのは、一人ひとりが人生の主体となって、個々で目覚めていくということです。
その中で、死生観も非常に重要です。

命とは何か、そして私たちはどこから来てどこへ行こうとしているのかが明確になることによって、安心してこの死亡率１００％の人生の「今」というものを、より濃く、より充実して生きられると思うのです。

いかにして安寧に、不安や恐怖ではなく喜びの中で日々を生きるかということが、そのまま新しい、次のフェーズの地球へスムースに移行する鍵となっていきます。

私が常に抱いているテーマは、「生きる」とはどういうことかを身をもって体験・体感しながら、一灯の明かりとなれるよう、立ち働けたら嬉しく思います。

いっぺんにすべてを灯すのは難しいので、**一隅を照らす一灯の火**です。

少なくとも、このボディにタイムリミットがあるのであれば、この世に生きている間、正直に、真っ直ぐに、大いなる御心のままに生きたいと思います。

保江　魂は死ぬことはありませんが、肉体はいずれ、１００％死ぬんですね。

その限られた人生でも、大多数の人は見えない世界を認識できません。

ごく一部の方だけが、神様の存在も、目に見えない世界もおわかりになる。

はせくら　そうした大多数の方々に、どうすれば、本当に神様はいらっしゃるということを信じていただけるのでしょうか？

保江　例えば、いわゆる奇跡が起きれば素直に信じられるとは思います。

科学的にも数学的にもそんなことはまず起こり得ない、単なる偶然の重なりとはとうてい考えられないようなことがいくつも起きる……などですね。

我々凡人は、そんな奇跡でもなければ、神様という大いなる意志の存在を実感できません。

しかし、いったん腑に落ちると、**大いなる宇宙の意思に我々は生かされているのだから何も心配しなくていい**、と思うようになります。

おかげさまで、僕は奇跡のような不思議体験だけは多くて、神様が実際にいらっしゃるんだという**心からの確信**があるのです。

矢作　まさに、イエスの言葉そのままですよね。

イエスが実際に生きていた当時の民衆について、信仰心を呼び覚ますためには奇跡が必要だったとおっしゃっていました。

保江　やっぱりね。

矢作　彼の起こした奇跡は結局、浄霊と霊的治療でしたが、民衆の信仰心を呼び起こすには非常に効果的だったようです。

Part 4

「魂は生き通し」——生命は永遠である

「魂は生き通し」——生まれてきた理由、課題を思い出す大切さ

はせくら　寿命についてのお話も、おうかがいしたいと思います。

矢作先生と私の対談本でも取り上げましたが、「死は負けである」という一般的な考え方がありますよね。

実際は、ひとつながりの命の中での一つのプロセスなのですが、それを「負け」と捉えてしまう思考から、パラダイムシフトできないかと思っているんです。

保江　そこが、一番大事ですよね。切に大事です。

矢作先生が、『人は死なない』（バジリコ）を書かれたのは、何年前になりますか？

矢作　２０１１年８月の出版でした。

はせくら　そもそも、あの本を書こうと思われた動機はなんだったのでしょうか？

矢作　医療現場は、いわばサービス業です。

ということは、患者さん、ご家族の満足度を上げるというのも大切な仕事なのですが、ゆっくりとはいいえ、医療が進めば進むほど、満足度は下がるわけなんですね。

例えば、突然の事故で運ばれた方のご家族に、

「今、緊急手術をしないと助かりません。ただ、成功率は50％です」と言ったら、結果がどちらであれ、「生きていてよかった」か「死んでしまったがしょうがなかった」と思えます。

ところが、「１０００人に一人しか死なない」となると、死なないほうの９９９人に入ったら当たり前だと思い、そこには感謝はありませんし、万が一、一人に当たったら家族がとても憤《いきどお》るわけです。

技術というサービスが進歩すれば、逆に満足度は下がる、このパラドックスがあるのです。

私が現場に出たころというのは、大人の患者さんは明治、大正生まれでした。

ところが、明治生まれ、大正生まれがだんだん少なくなって、患者さんのほとんどが昭和世代になると、往生際が悪いわけです。

保江　まさに、往生際ですね。

矢作　死を受け入れられなくて、結局、中途半端になってしまうのです。根本的なことを避けているから、受け入れ準備ができない。

はせくら　根本的なことというのはなんでしょうか？

矢作　つまり、**生命は永遠である**ということです。

はせくら　普通の人に、「生命は永遠である」と言ったとします。それに対する反応としては、「何か宗教やってる？」といわれるのがオチでしょう。

矢作　わかります。先ほども話に出た、霊などについての話題イコール宗教的と捉えられる悪しき風潮がありますからね。

けれども、人間がどう意識していようが、「魂は生き通し」ですから。

仮に、死んで終わってしまうんだったら逆に楽でしょう。

どんな凶悪なことをしても、今世で魂が終わるのでしたら、何をしてもいいわけですから。

けれども、永遠であった場合は、「**お天道様が見ている**」という言葉が表すとおり、人を傷つけるような悪いことはできないというのが普通の感情です。


ただ、不思議な反応があったんです。

「私はこの世が一回きりだと思うから、一生懸命やっているんです」という。

そういう考え方は、私にはわかりません。

はせくら　終わったら無になるというのですね？

矢作　終わったら無になるんだったら、何をしたっていい。すべてがうたかたなんですから。
しかし、「私の人生はこれで終わりだから、一生懸命生きないといけない」という論理思考は、私にはとても非論理的に感じられたんですね。

「では、良心はなぜ備わっていると思いますか？」と聞くと、そういう人にはその問いへの答えはないんです。

この話をした当時は、私もまだやんわりとした対応をしましたが、今は、あくまでも個人的なものですが、**「全ては大宇宙の意識の進化に貢献するために存在しているので、その方向に沿うように良心が備わっている」**、と答えます。

はせくら　よく聞きますよね、「一度きりの人生を悔いなく生きましょう」と。

矢作　悔いなくというのが不思議ですよね。

保江　一度きりなんだったら、終わって無になった後、悔いを残したくても残せないですよ。

はせくら　では、悔いなく生きましょうというのは……。

保江　彼らは詭弁を弄《ろう》しているんです。

はせくら　詭弁を弄すのは、先の話題で出た「パリサイ人」の特徴の一つになってしまいますね。

その「一度きりの人生」だと捉えると、病院での扱いは満足できないものになるということでしょうか。

矢作　そのとおりです。

不思議なことに、彼らの論法に従えば、一生懸命生きるということの延長に、延命があるんです。

保江　闇の臓器を移植してでも長く生きたい。なぜなら、一度きりだから。

はせくら　その論理だと、死は〝負け〟になってしまうのですか？

矢作　はっきり負けとは思わないにしても、遠ざけたいわけです。
おそらく、なるべく長くこの世に留まっていたいんでしょう。

はせくら　質より生きる長さが大事になっていますね。

矢作　生まれてきた理由、何を課題として、あるいは何を解決しようとして生まれてきたのかという、大事な宿題、命題を理解していない発想です。

「よりよく生きる」とよく言いますが、この世きりで終わるのなら、永遠の真如（＊あるがままであること、普遍の真理）に貢献するような発想はないでしょう。
それなら、
「よりよく生きるっていったいなんですか？」と問いたい。

はせくら　今、永遠の真如に貢献するとおっしゃいましたが、その意味を教えていただけますでしょうか？

矢作　おそらく、理屈抜きで、この世界というのは意識の進化の方向に向かっているじゃないですか。

これは理屈を超えたもので、なぜかと聞かれても答えられないです。答えられないけれども、当たり前のことですよね。

「なんで人を殺してはいけないんですか？」という質問と同じで、そこに理屈はいらない。その理屈を超えたものを、我々はすでに感覚として受け継いできていますから。

赤ん坊の頃は誰もが、ひたすら中今

保江　ここで、ちょっとお見せしたいものがあります。これは、僕の赤ん坊のときの写真です。

このころの、唯一の写真なんですけれども。

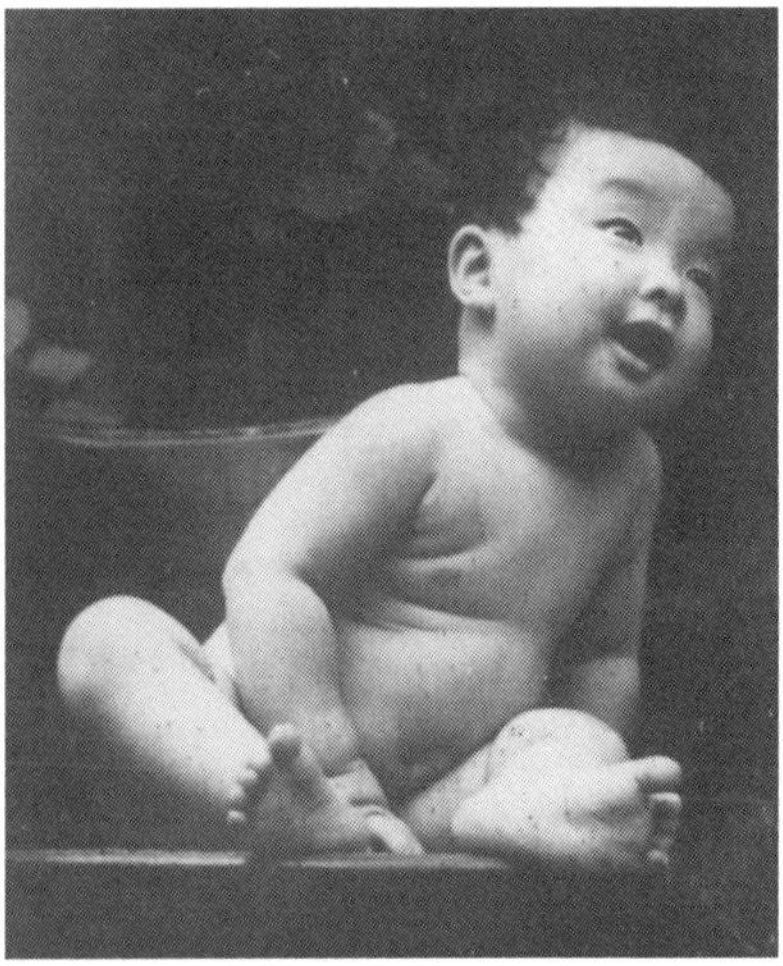

はせくら　しっかり面影がありますね。天才のオールヌード。髪くるくるちゃん、とっても可愛いです。

矢作　よく残っていましたね。

保江　父親の遺品整理をしていたら、古いアルバムの中に貼られていたんです。

この写真のこの表情、この姿形が物語っています。

このときの僕は、**死ぬのが怖いとか、心配事や憂いは何もないんです。ただただ、この宇宙とつながっているまま、素のまんま。なんの恐怖も世間のしがらみもないという、ひたすら中今なのです。**

その後、教育とか、対人関係とか、様々なものがかぶさってきて、だんだんとおかしくなっていくんですね。

社会的適合というか、まともになりなさいというプレッシャーに抗《あらが》うことができなくなる。

今から20年前にガンの手術で死にかけてから、僕は人格などがガラリと変わったんです。

そして顔もきっと、変わったのだと思います。

この写真の顔と同じになったのではないか……、今、そんな気がしました。

矢作先生は絶対、生まれたままの無垢のお顔を維持されていると思います。

この写真はベッドの脇に置いてあるんですが、昨日寝る前にこれを見て、「赤ん坊のときの俺は、矢作先生のような顔をしているな」と思ったわけです。

僕はその死にかけた経験の後、死に対する恐れがまるでなくなりました。

いろんな経験を通して死を理解したから恐れていないということではなく、赤ん坊の状態に戻れているから怖くないのでしょう。

きっと誰もが、赤ん坊のころはあちらから来たばかりなので、明確さはその人によるとしても、元いた場所を覚えている。

生き通しということが、わかっているというか、当たり前のこととして認識できていると思います。

この表情は、永遠の生命がわかっている顔だと思うんですね。

ですから、皆さんもご自身の赤ん坊のころの写真を見て、思い出してほしいのです。

普段から、手帳にはさんだりスマホに入れて、暇があったらその写真を眺めるといいと思います。

矢作　すべてが、そこでは叶っているわけですからね。

はせくら　私も、パソコンの隣に自分の赤ちゃんのときの写真を置いています。

保江　やっぱり。はせくらさんも純真無垢ですからね。

はせくら　純粋無垢……ではないです（笑）。

ただ、「この子が今、大人になって楽しんでいますよ」と思いながら、パソコンに向かっているんです。

みめかたちは変われど、中身はあまり変わっていないなぁ…と感じつつ、仕事しています。

あ、そうだ。いっそのこと、赤ちゃんのときの写真を見せ合って、ご挨拶するというのはいかがですか？

どんな強面な人でも、赤ん坊のときは、今、この瞬間に存在する「中今」の顔をしているのですから、その方の本当の姿なんだと思います。

そうしたら、中今でつながれないかなぁ？

保江　中今に引き戻すのに、最も良い道具ということですね。

これは、すごい発見だ。

僕がスイスにいたときの教え子なんですが、白人のスイス人男性がいます。

親しくなってから教えてくれたのは、彼はロンドンで捨て子だったということでした。

赤ん坊のときに、どこかの病院の前に、カゴに入れて置かれていたのだそうです。そして、子どもがいなかったスイスの家具職人のご夫婦が国際養子縁組をして、彼をスイス人として育てました。

スイスの人は割とよく、養子を取るんですね。

「じゃあ君は、本当の親を知らないの？」と聞いたら、もちろん知らないと言います。

ただ、彼が、写真が入ったロケットペンダントを見せてくれました。

赤ん坊のときに入れられていたカゴの中に、一緒に置かれていたのです。

それを今の養父母が預かっていて、彼が成人したときに渡してくれました。

それからというもの、時折、会ったことがないお母さんの顔を見つめているというんですよ。

僕には、そのときの彼の顔が、とても純真に見えました。

まさに、赤ん坊がお母さんを慕う、そのものの顔だったのです。

けれども一般的には、ずっと育ててもらって馴染みのあるお母さんの写真では、赤ん坊の気持ちにはなりづらいですから、自分の赤ん坊のときの写真をお勧めしたいです。

名刺に印刷するのもいいでしょう。

この世に出てきてから、いろんな波風を受け、痛みつらみを積み重ねた今の顔はいったん忘れて、赤ん坊のような付き合い、裸の付き合いをしましょうと。

そうすると、**神様のサポート**が厚くなります。

僕はガンで死にかけてからは、裸の付き合いをしてきたと、今、思えるのです。

萩原先生との対談本のサブタイトルが、『裸の王様が教えるゾーンの入り方』なのですが、対談の中で萩原先生が、試験勉強もせずにしっかり寝て、しかも知っていることしか試験問題に出ないということがよくあったという僕のことを、集合的無意識につながっているとおっしゃったんです。

それで、素粒子の世界では、宇宙のその他の素粒子からの作用に影響されない電子を「裸の電子」と呼びますが、それに倣《なら》えば、僕は「裸の王様」ですね、ということになったのです。

だから、本の表紙のイラストは、子どもの僕が裸の王様になっているわけです。

みんなで裸の王様になって、赤ん坊のような無邪気さで人と付き合えるといいですよね。

ここまでわかった
催眠の世界
裸の王様が教えるゾーンの入り方
萩原 優
保江邦夫
心の奥深くから変化をもたらす強力な技法、催眠とはなにか？
眠れる能力を目覚めさせる『コンタクト』が、
あなたの人生に
奇跡を起こす!!
個人の潜在意識や集合的無意識、さらに
その奥にある魂と呼ばれる領域にまで働
きかけていく「催眠療法」も詳しく解説。
明窓出版

死とは何かとか、死んだらこうなるとか言われても、納得できない人たちばかりです。

それより、赤ん坊のときの写真をいつも見ていると、神様がより良く導いて守ってくれると、そう言い切った方が楽な気がします。

はせくら　本当に、大事なことはシンプルですしね。

保江　**「誰もに、死は１００％訪れる」、これは真実ですが、「誰もが以前は赤ちゃんだった」、これも１００％の真実です**から、そこを意識してもらうことはとても有意義ですよね。

「トキガミチルマデマチナサイ」――胎内記憶に残る白くて大きな人

はせくら　そういえば、息子の一人に、胎内記憶を持っていた子がいるんです。

保江　ほおー、三兄弟のお子さんですね。

はせくら　はい。3歳になる少し前だったんですが、二語文程度とはいえ、たどたどしいながら喋っていたんです。

そのとき、お昼ご飯におうどんを食べさせていたのです。

それを食べた息子が突然、

「僕、この紐《ひも》切るとき、悲しかった」と言ったんです。

私はすっかりうどんのことだと思って、

「うどん、固かった？」と聞きました。

すると、「違うよ。ここから出た紐」と、お腹の真ん中を指すのです。

つまり、へその緒のことだったんですね。

これがもしかしたら、噂に聞く胎内記憶かとすっかり前のめりになり、メモ用紙を手元に引き寄せて、さりげなく（でも、しっかりと）聞き出しました。

保江　オギャーと生まれる前の話ですね。

はせくら　はい。彼は最初に、赤ちゃんばかりがたくさんいる国にいたそうなのですが、そこから私を見つけて、「そこに行きたいよー」といったそうなのです。

すると、気がつくとお腹の中にいたそうです。

お腹の中は、いろんな音がしていて、とても居心地がよかったらしいのですが、ずっとそこにいるわけじゃなくて、ときどき、「赤ちゃんの国」に戻ったりもできるのだそうです。

……で、そこにいるお友達の中には、「行ってらっしゃい」といって送り出されても、戻ってくる子もいるそうです。

保江　なるほど。

はせくら　息子は、居心地がよかったので、けっこうお腹の中にいる時間が長かったらしいのですが、あるとき、早くおっぱいが飲みたいなぁと思って探したそうなのです。

すると、白い大きな人が現れて、

「トキガミチルマデマチナサイ」と言われたのだそうです。

私は、三歳児が語る言葉ではないことに驚いて、ひっくり返りそうになりましたが、なるべく悟られないように平静を装いながら、「それでどうしたの?」と聞きました。

息子は、どんな意味かわからないけれど、その言葉を聞いたときに、動けなくなったんだよと言っていました。

それからずーっと待っていたら、とうとう「もういいよ」と声が聞こえたので、奥を見たら、明るいところが見えたそうです。

それで、「あそこに行ったらお母さんに会える。おっぱいが飲めるんだ」と思って、体を捻じりながら、進んでいったんですって。

そして、いよいよ、外に出ようとしたとき、また白い大きな人が出てきたそうです。

その人の手には、何かが握られていて、それを息子の胸に入れてくれたのだとか。

「それは何だったの？」と聞くと、「わかんない……ハートかな？」と言っていましたが、

とにかく白い人が何かを入れてくれて、そのときに、

「この星を愛でいっぱいにしてね。みんな、そうやっていくんだよ」と言われたのだそうです。

すると、その途端、「勇気りんりんのアンパンマン」になって、飛び出していったんですって。嘘みたいな本当の話です。

今でも、「トキガミチルマデマチナサイ」と、「この星を愛でいっぱいにしてね」は、私自身にとっても忘れがたい言葉として、大事に温めています。

保江　すごく面白い話ですね。

はせくら 私の中では、本当に衝撃的だったのですが、彼が中学生のときに、そのエピソードを伝えると、

「お母さん。非科学的なことは言わないほうがいいですよ」とたしなめられ（笑）、すっかり忘れてしまっているようでした。

保江 今の息子さんに、赤ん坊のころの写真を毎日見てもらったら、思い出すかもしれませんね。

すべての赤ん坊は天とつながっている——赤心に戻るには？

保江 生まれた直後から3歳ぐらいまでが、主体なままで生きる、一番大事なときですよね。

赤ん坊のときの写真を見て、そのときに戻る。

全員がそのときを過ごしたのですから、思い出すことは絶対にできます。

はせくら　その写真の中に、種としてちゃんとあるわけですよね。

保江　忘れてしまうのは、仕方がないんですよね。

はっきりとしたことを思い出さなくても、写真を見ていると何かが引き出されるのですよ。

中今には、思考は関係ないですから。

はせくら　逆にいうと、中今というのは、思考をはさめないですよね。

矢作　そうです。**無心、無我**というような状態。

保江　剣術の極意などでは、**赤心**と表現するのです。

はせくらさんもおっしゃっていましたが、赤の心と書いて赤心、嘘偽りのない心。

要するに、赤ん坊の状態に戻れば必ず勝てるわけです。

はせくら　色霊《いろたま》の世界でも、この世界に降りてきたときは白なんですが、現象として最初に現れるときは赤なんです。

日の丸が赤なのも、生まれたての可能性しかない世界の表れです。霊的な純白、ホワイトアウトしていく大いなる世界から、パンと現れた丸い赤々とした日の心。本当に、日本の国旗はすごいですよね。

赤心になる具体的な方法として、赤ちゃんのころの写真を見るということでしたが、例えば、そうした写真がないという人はどうしたらいいでしょうか？

矢作　火事で燃えてしまったとかね。

はせくら　写真はあったとしても、それを見ると悲しい記憶が蘇《よみがえ》ってしまう、トラウマがあって見たくないということもあると思うんです。

保江　僕は、母親を知りません。

僕の母親は、僕を産んでからすぐにいなくなってしまったんですね。

母親の記憶もまったくありませんし、写真すら残っていないんですよ。スイス人の僕の教え子は、ロケットペンダントの写真をもらっていましたが、僕にはそれもありません。

そんな境遇の僕は、世間から見たらかわいそうな赤ん坊、子どもだったわけです。唯一あるのが、赤ん坊のときの自分の写真。お母さんがいない境遇の、人から見たらかわいそうな子どもの写真なわけです。

それでも、写真の中の僕は、こんなにいい表情なんですね。

矢作　母はなくとも、天とつながっていますからね。

保江　ですから、赤ん坊のころの境遇が悪かったとしても、絶対にいい写真のはずなんですよ。

はせくら　大人になってから、写真を色眼鏡で見て悲哀を感じるだけなのですね。

保江　そうです。赤ん坊のころの写真を見ているうちに、トラウマも外れると思うんです。
ただ、写真が本当に一枚もないという人も中にはいるかもしれませんね。
ちなみにスイス人の教え子は、自分が赤ん坊のころの写真は持っていないんです。
4歳児ぐらいまでは養護施設で育てられて、写真を撮ってもらえなかったんですね。

はせくら　赤ちゃんじゃなくても、できる限り小さいときのものでもいいですよね。

保江　それでいいと思います。
今より若いときの写真は、絶対にあるでしょうからね。

矢作　小学校に上がったときの写真とか。

保江　そうそう、小学校や幼稚園に入るときに、必ず撮りますからね。
生徒手帳に貼ってあった写真でもいいですし。

矢作　壺井栄の『二十四の瞳』の最後のシーンでも、終戦後、先生が子どもたちと再会して一緒に写真を撮っていました。

保江　集合写真ですよね。それでいいんですよ。学校でも卒業アルバムなど、絶対に保管しているはずです。

矢作　赤ん坊の写真を、Tシャツの前にプリントして着たら、見る人がみんな和むのではないですか。

赤ん坊なら、どんな特質を持っていても、仮に病弱でも癇癪持ちでも、全員天地とつながっているのですからね。

保江　背中に中今、前に赤ちゃんのときの写真をプリントして……、いいですね。

赤ん坊の写真を見ることによって、みんなが中今になる世界。

はせくら　ごくシンプルでいいですね。

保江　他には何もいらないですよ。

パリサイ人にはパラドックス療法で圧を与えよ

矢作　ただ、純粋な心の人には響くでしょうけれども、パリサイ人にはそれでも響かないかもしれません。

はせくら　赤ん坊の写真を見ても、「それが何か？」とか、「エビデンスは？」とか。

矢作　それも一つの試金石のような気がしますね。

保江　パリサイ人は、放っておけばいいんですよ。「あなたたちはそのまま苦しんでおいで」と、切り捨て御免ということで。

キリストは、パリサイ人を切り捨てましたから。

はせくら　でも、パリサイ人の立場だと、理屈がある上で納得できないと進めないんです。「ちゃんと証明してください。きちんとした解説ができますか？　ソースはどこから？」と、やっぱり思ってしまうんじゃないでしょうか。

死の恐怖を超えたいというのは、パリサイ人でもきっと望んでいますよね。

そして、キリストが言った永遠の命とはどういう意味なのだろうという疑問も抱くでしょう。

保江　「あなたは永遠の命ではありません。あなただけはずっと、地獄で苦しむんですよ。残念でしたね」

はせくら　それ、嫌です。

保江　「でも、あなたはそうなんです。あなただけはね」と、キリストは言ってしまう。

はせくら　たまらなく、嫌です。

保江　それでいいんです。嫌だというすごく強いストレスがかかると、魂が体からフッと離れて、真実の世界で遊べるようになるのです。

はせくら　パラドックス療法ですね。

保江　とことん圧を与えるんです。そういう人が最も怖いのは、自分だけが死ぬことです。

彼らは、死ぬと孤独だと思っているんですね。

だから、彼らが一番嫌がるものをぶつけるんです。

「僕らは、この赤ん坊のときと同じように楽しく、永遠の命を持っているけれども、あなただけ違うなんてかわいそうですね」と。

きっと、苦しむでしょう。苦しんで、やがてその苦しみがたまりすぎると……。

はせくら　ノイローゼになってしまいますね。

保江　たぶん、ノイローゼになりますね。それでいいんです。それぐらいのショックで初めて、パリサイ人は、**魂が思考でがんじがらめになった牢獄から脱出できる**わけです。

こんなふうにパリサイ人いじめができるのはたぶん、僕だけでしょうね（笑）。

はせくら　汚れ役を引き受けてくださるという話ですね。

保江　ますますやりたいんですよ、汚れ役を。

そのために僕は、ミリタリーオタクなんだと思うのです。

パリサイ人撲滅です。地球防衛軍が、何から地球を防衛しているかといえば、パリサイ人なんですよ。

はせくら　対テロリストチームならぬ、対パリサイ人チームですね。

そのパリサイ人だって御霊があるのですから、思考という殻を破ったら、天地とつながる命が輝いてくるはずですよね。

保江　パリサイ人の殻は本当に破りにくい。

だから、ショック療法もより過激にしないといけないのです。

都合のいいことに、パリサイ人は死というものに大きな恐怖を持っていますから、そこに圧をかけるといいでしょう。

一人ひとりが、それぞれの歩みの中で納得をしていく時代

はせくら　死への恐怖とは、虚無感からくるのですかね？

矢作　虚無ともまた違う気がしますね。

現世が幻であれば、本来はそれで終わりのような気がするんですが、不思議といろいろなものがくっついているわけですよね。

例えば、延命への執着。そこを理解して寄り添うというのはけっこう難しいなと思っているんです。

はせくら　延命したとて、やはりゴールがあるわけですよね。

矢作　私が医療現場にいたころの話ですが、例えば、ある重症の患者さんの病状が進んで、死期が近くなっていることが見て取れたとしましょう。

患者さんの縁者が、

「あとどのくらいですか？」と聞いてきた場合には、

「もうそろそろお迎えが……」という言い方をします。

それでもピンとこなくて迷われていらっしゃる場合には、私の親だったらこういうふうに対応する、つまり、延命措置は行わないと言っていました。

そうすると、しばらくお考えになってから、

「わかりました」と納得されるわけです。

おそらく、理屈を超えたところで、受け入れられるというプロセスは必要みたいですね。

はせくら　患者さんご本人はどうなんでしょうか？

矢作　ここが重要だと思うんですが、急に亡くなる人は言うに及ばず、だんだんと衰弱していくような人でも、それこそ死ぬことに恐怖心を持っていた人でも、最後は意識が混濁して大丈夫のようです。

はせくら　混濁するとは、元のカオスに戻っていくようなことですか？

矢作　一言でいうと、変換器が働かなくなるのです。一切の活動、恐れなどの感覚も含めてです。

要は、**赤ん坊に戻ってしまう**。映画『ベンジャミンバトン』状態ですね。

はせくら　自動でちゃんと戻れるという神様システムも備わっているんですね。

パリサイ人にも。

保江　パリサイ人ですら（笑）。

はせくら　そういう意味では、どんな人でもなんの問題もないのですね。
そうしてみるとやはり、普段から大安心の中で生きるということがすごく望まれます。
パリサイ人からはできないと言われそうですが。

矢作　完全な説得をしようというのは、非常に難しいのです。
こちらからもいくつか解決法をご提案して、後は皆さんで考えていただくしかない。

はせくら　かつての時代は「みんな一緒に」でしたが、今は違いますね。
個人の意識がそのまま反映していきますから。

矢作　一人ひとりが、それぞれの歩みで納得をしていく時代なんでしょう。

はせくら　逆から言えば、歴史軸で見るとそれだけ成熟してきたということではないでしょうか。

見える世界から、見えない情報を得てきた人もたくさんいますよね。

矢作　これまでは見えなかったことも、隠しきれなくなっているわけですよね。

意識が進んで、即身成仏のような状態になる人もいれば、無明の中に落ちたままの人もいるということです。

保江　昔から、気づきを得ていた人はいるんですよね。

例えば、天理教を起こした中山みきさん。あの方は、「陽気ぐらし」と一言で表現しています。

つらいことも悲しいことも神様による導きであるという真実に目覚め、前向きに捉えて明るく陽気に生きていくということですが、真理ですね。

しかし、宗教というかたちですから、宗教を嫌う風潮の中では、逆に遠ざかる人もいるでしょう。

はせくら　日本人は特に、宗教嫌いですからね。

保江　やはり、「赤ん坊のときの写真を見ましょう。人とも見せ合いましょう」これが、とどめを刺すのです。赤ん坊の写真を見たら、誰でもにっこりするじゃないですか。

営業マンで、自分の顔写真を名刺に印刷している人がいますが、近影ではなく、赤ん坊のときの写真にしたら、ずっと成績が上がりますよ。

名刺をもらった人にも、面白いと思ってもらえると思うんです。

パリサイ人だって、理解してくれると思います。

はせくら　赤ちゃんの可愛いさは、理屈抜きですものね。

自分証明書は、天国へのパスポート

保江　そうだ！　身分証明書ならぬ、**自分証明書**を作りましょう。

この本の最後に、僕たち三人の自分証明書と、ご自身で書き入れられるフォーマットを用意してあげるのです。

それをみんなで見せ合うという。どうですか？

はせくら　いいですね、自分証明書。

この自分という言葉も深く読み込めば、「自ら分かれた」ですし、「自らの分《ぶ》を生きる」と捉えることもできると思います。

保江　なるほど、自分とはいい言葉ですね。

ふと思い出したのが、僕は岡山生まれで、関西文化圏なわけです。

関西の人は、相手のことも「自分」と言います。

「自分が悪いんやん」とか言うんですね。「お前が悪い」とは言わないんですよ。

はせくら　そうなんですか。自分も自分、相手も自分なんですね。

保江　両方とも自分ですが、どちらを指しているのかは、その場や話の流れでわかるんですね。

はせくら　それは、元は一つということでしょうか?

保江　たぶん、そうだと思うんですよ。

はせくら　あなたは私、私はあなた、同じ「自分」。**自ら分かれし者が、この人になった**ということですね。

保江　だから、関東以北で育った人が初めて関西に行くと、関西人同士の「自分は」と言い合う掛け合いがよくわからないと言いますね。

でも、関西にいるとわかるんです。

しかも、第三者にまで使うこともあるんです。

「あいつは自分がろくでもないからなぁ」とか。

その場にいない人のことを指しています。

神様につながった者同士、一元の大元がわかっているんですね。

はせくら　大元が自分ということですね。
一元の意識があることで、命の永遠性、ここだけで終わりではないというところまでもつながっていきますか？

保江　今の関西に生きる人たちが、こういうことをわかっているとは思えないんですが、日頃からその言葉を使っていると、赤ん坊の自分を写真で見ているのと同じように、意識をしなくてもつながるのではないでしょうか。

中山みきさんにしろ、大本教の出口王仁三郎、出口なおにしろ、新興宗教的な宗教家は関西に多いですから。

関西には、宗教を気軽に受け入れる素地があるんですよ。

関西人といえば、未だに隣の家に、「ちょっと醤油貸して」というような気軽さがあって、日本民族の中でも、人間関係の垣根が低いですよね。

それに比べて、関東以北、東北地方などは、自分のテリトリーをはっきりさせる傾向があります。

関西は、悪くいえばうやむや、良くいえば、みんな同じという一元の感覚があるのではないかと思います。

いいですね、自分証明書。こういうふうにポロッと出るのが、神様が教えてくれているものなのです。

はせくら　そうすることで自分についての再定義が行われて、あらためて、つながっている命の中の我という理解が深まりますね。

保江　自分証明書は、天国へのパスポートにもなります。

これで、何があっても天国へ行けますね。

はせくら　小さいころの自分とつながる、すなわち、無垢な自分に自動的に接続されるのです。それが、天国へと伝わるから、天国パスポートにもなるということですね。

心を込めて作った自分証明書は、人に見せるのに常に携帯すればいいとは思いますが、身につけていなくても、心にダウンロードされますから大丈夫です。

生きている限り、有効な証明書になりそうですね。

あの世とこの宇宙を包括する世界観を素領域理論で知る

はせくら　ところで、再びパリサイ人目線でおうかがいしたいのですが、自分証明書の「天国パスポート」ができたとして、「そもそも、天国なんてあるんですか？　死んだら終わりじゃないですか？　エビデンスはいかに？」という問いがきたら、どうお答えしたらよいでしょょう？

保江　理屈で説明しようとすれば、**素領域理論**を持ち出すしかないですね。
最初に我々の魂がこの宇宙に現れて、また再びあの世に帰っていくという、あの世とこの宇宙を包括する世界を、理屈でフォーミュレイト、つまり定式化でき、かつ、今の物理法則と矛盾なく説明できる理論は、実は、素領域理論だけなのです。

僕は、素領域理論を使って、死ぬ前はこうであり、死んだらこうなるということを書いた本を出版しています。
『せめて死を理解してから死ね』というタイトルで、VOICEという出版社から出しました。
参考用として、抜粋しますね。

「素領域理論」から見た「生」と「死」と「魂」

それではここで、「素領域理論」から見た「生」と「死」、そして「魂」というものを説明してみましょう。

素領域理論とは、理論物理学者の湯川秀樹博士が晩年に提唱していた空間の超微細構造を規定する物理学の基礎理論です。

この素領域理論では、我々が生きているこの空間は素領域という無数の泡で構成されていて、素領域の中に素粒子が入っていると考えます。

素粒子が空間の中を動くというメカニズムは、素粒子が素領域という泡から泡に飛び移ることが連続することで実現され、素粒子は素領域という泡の中にしか存在できません。これが物理学の基本理論になります。

要するに、人間の身体をはじめ、すべてのものは素粒子でできていて、この空間も素領域がぎっしりと泡のように連なっている泡の集合体ということになります。

それは、たとえばビールの泡のようなものですが、この泡と泡の間に〝あの世〟というものが存在しているのです。

50ページのイラストでは、永遠につながっている泡と泡の間の隙間の部分があの世なら、泡の集まりの部分がこの世になるわけです。

魂はあの世の側に存在していて、生きているときは隙間と泡の二つの部分が重なっていますが、死ぬことによって、魂は抜けていきます。

イラストを見てもわかるように、この世もあの世も重なっていて同時存在しているので、死んだら魂は宇宙の果てに飛んでいくわけではなく、生きている人にはわからなくても、すぐそばにいるのです。


ちなみに、この隙間の部分はすべての隙間とつながっているので、他の人の魂ともつながっています。

そこで、人が死んだ後は、最初のころはまだ「自分」というエゴにもとづく主張があるわけですが、次第に全体=神に近づいていきます。これが素領域理論における宇宙観になります。

誕生に関しては、人間が生まれるときには泡の外、つまり素領域と素領域の間の隙間の部

素領域の考え方から見た霊体と肉体

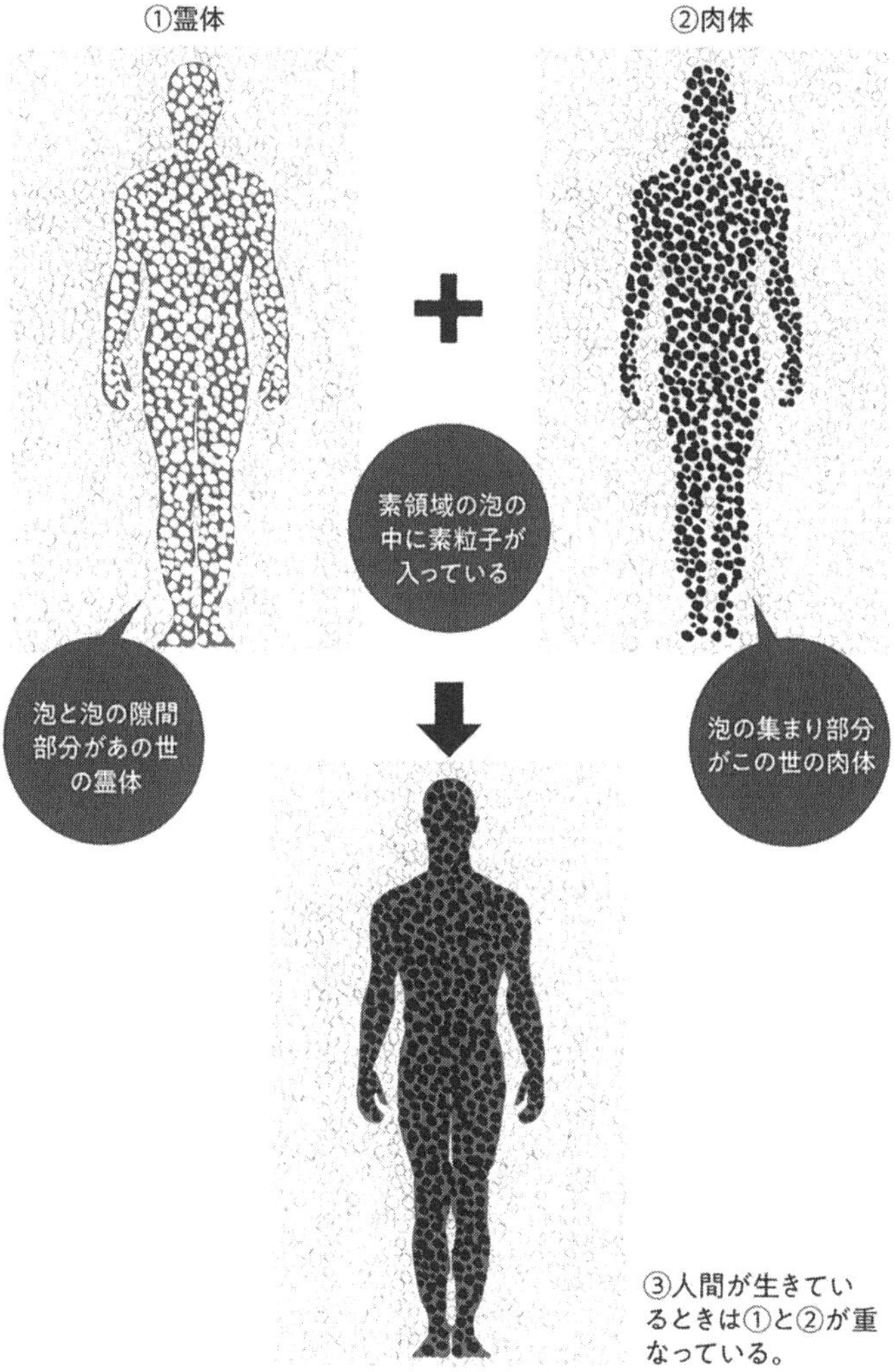
①霊体
②肉体
素領域の泡の中に素粒子が入っている
泡と泡の隙間部分があの世の霊体
泡の集まり部分がこの世の肉体
③人間が生きているときは①と②が重なっている。

『せめて死を理解してから死ね』50ページに掲載のイラスト

分に魂というひな型ができた後で、受精卵が発生すると素領域の内側の適材適所に素粒子が入り込んで人間の身体が出来上がっていきます。

また、人は死ぬとひな型である魂が去るので、素領域にある素粒子でできている身体は生命維持ができなくなり、身体は朽ちていくのです。

つまり、魂があってはじめて生命活動が機能するのです。

これが素領域理論における「誕生と死」になります。


死んだ後の魂は素領域と素領域の間の隙間を出て、大いなる源であるワンネスに戻っていくことになります。

そして、再びそこから素領域と素領域の間の隙間へと入ってきて、新しい生命を生きるのです。


（引用終わり）

矢作先生も、素領域理論の構造で、わかりやすい絵を描いてくださいましたね。

素領域理論による多次元世界のモデル

（矢作直樹氏作成）

1　初めに「完全調和」の状態があった。これが神である。

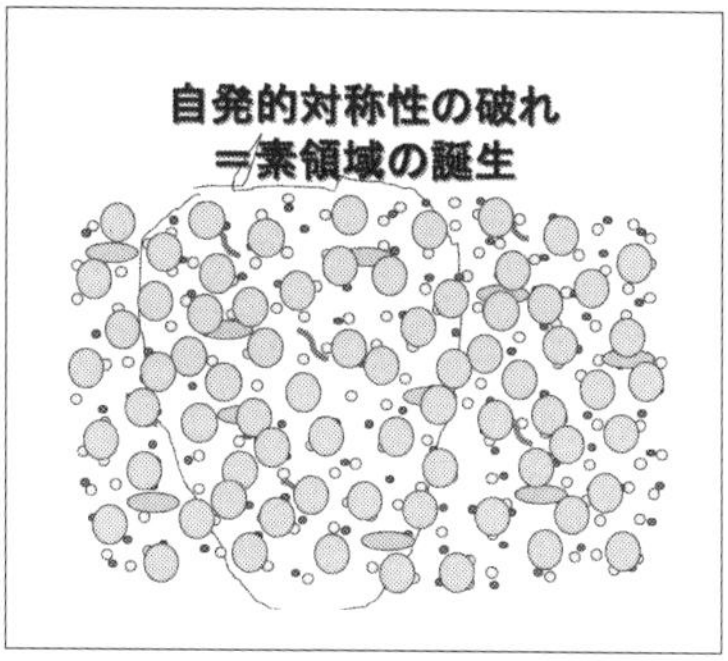

2　「自発的対称性の破れ」により、各次元を構成する素領域が誕生した。

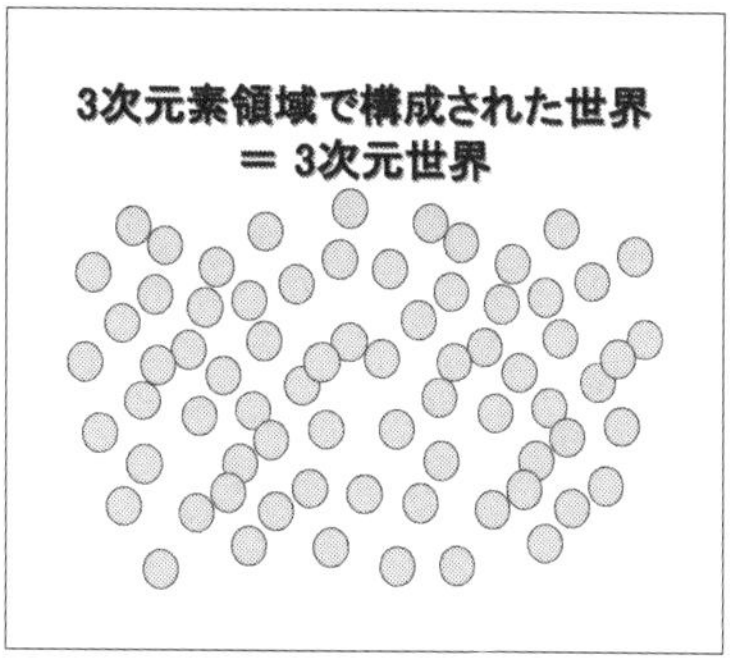

3　例えば「3次元世界」であれば、3次元を構成する素領域のみが存在する。

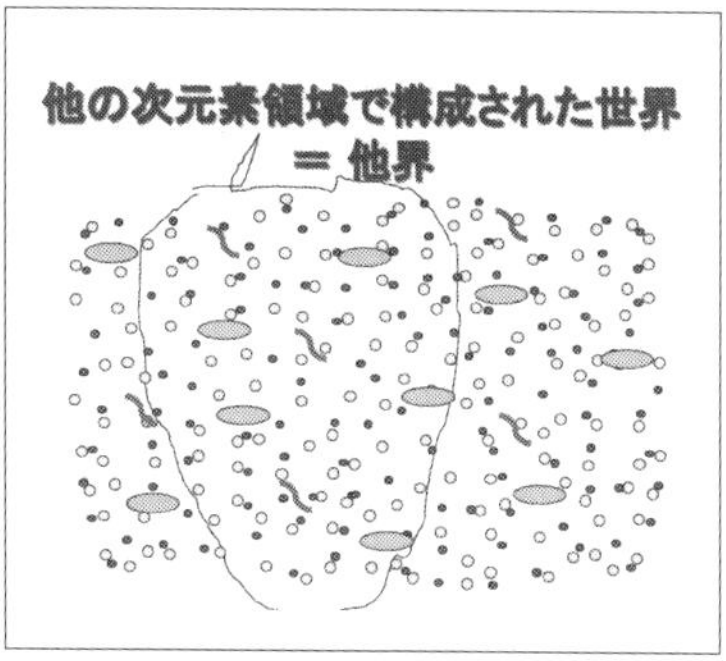

4　同様に3次元を構成する素領域以外の素領域により構成された世界が「他界」である。

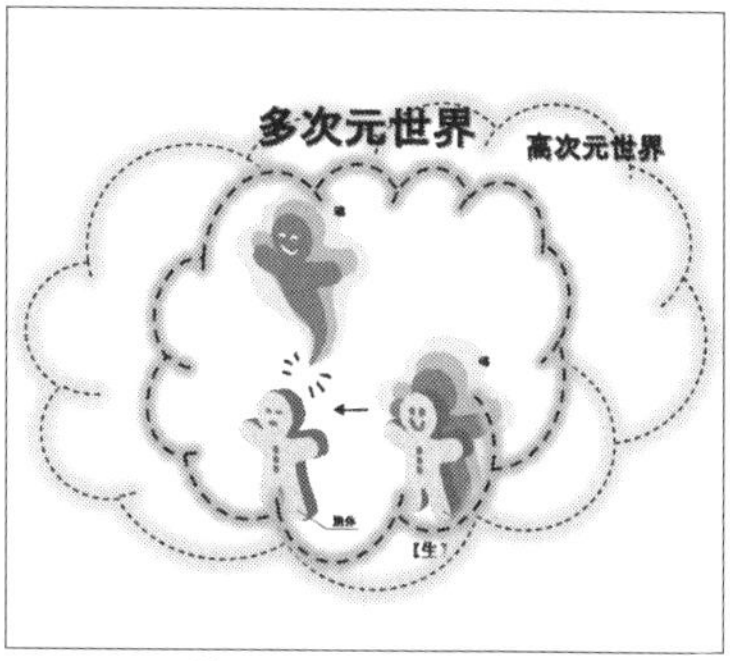

5　結局「多次元世界」は互いに重なり合っている。この世（3次元世界）では肉体は3次元にのみ存在するが、魂は多次元世界にまで繋がっている。そして肉体の死を迎えると、魂は霊として肉体から離れ高次元世界にのみ存在する。

矢作　私の言葉にしてしまうと、「この世も花であの世も花」ということになります。

保江　そのとおりです。あの世は完全調和の一面のお花畑。とてもいい所ところなんです。

この世もまたお花畑にできるかどうかは、意識ひとつですね。

「地獄はもともと存在しない」パラダイムへの移行

はせくら　天国という概念があると、その逆の、いわゆる地獄というものがあるんじゃないかと考えられますよね。

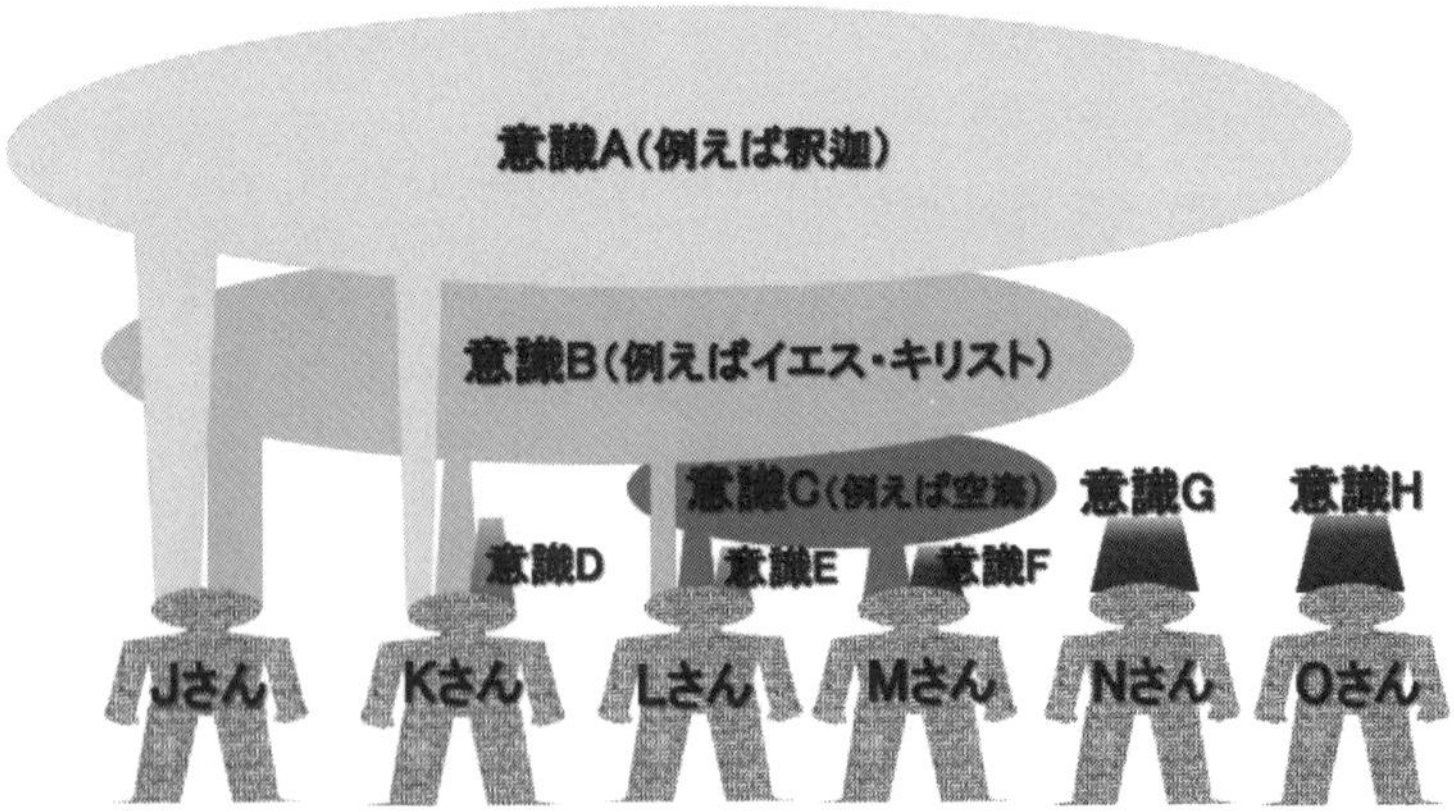

個別化された自己の中でいくつもの意識が生きていることを表す模式図
（矢作直樹氏作成）

地獄の怖さを伝えることで、悪しき道を歩まないように、戒めていたのかもしれませんね。

けれども、それも古いパラダイムかもしれません。

情報が少なかった時代は、その方法が有効かもしれませんが、もうそろそろ「地獄はもともと存在しない」というパラダイムに移行してもよいのではと思います。

保江　そのとおりです。パリサイ人も含め、多くの人が死ぬのが嫌だと思っている理由は、この世に残していくものにあることが多いんですね。

例えば、子どもがいる人なら、死後は子どもを助けてやれない、守ってやれない。だから死にたくないという人も多い。

パリサイ人ではなくて、物わかりがいい人にも、そう思う人はたくさんいるようです。

ところが、素領域理論では、あの世は遠いところにあるわけではありません。

今と重なってあるのです。すべてが、「ここ」にあるんですね。

ですから、あの世に行っても、子どもから138億光年離されてしまうわけではなく、むしろ、生前よりもすぐ側にいられるわけです。

いざというときに、助けることだってできるんですよ。

例えば、矢作先生が滑落したときに助けてくださったのは神様だと思いますが、実際には、神様に言われたお母さんだったかもしれません。

『せめて死を理解してから死ね』から、もう少し引用しますね。

「死の瞬間のために練習しておくべき〝あること〟」

まずは、ある日まさに青天の霹靂《へきれき》の如《ごと》く死が襲いかかってきた刹那に何をすべきか、ということです。

その瞬間のためにも、今から努力しておいていただきたいことがあります。

それをお伝えしますので、これから毎日練習していただければと思います。

なにしろ、死はまったく予期できぬタイミングで、しかも、まだまだやり遂げようとしていたことを数多く残したままの不本意な状況で、ある日突然に訪れたりするものなのです。

あなたが、もしそんなふうに、この世を去らなければならない瞬間を迎えてしまったならば、激しくうろたえてしまうでしょう。

そして、文字どおり前後不覚となって何もできないまま死んでしまうはずです。

これから学んでいただく、「死の瞬間にできる唯一のこと」も、単にそれを予備知識として憶えていただけでは、そんな混乱の極致に陥った状況ではいざとなったら実践できません。

しかも、それを今から学んだとしても、実践せずにそのままになってしまうのなら意味がありません。

その決定的な瞬間が自分の上に降りかかったとしても、結局、そのことを思い出すこともなく終わってしまう可能性が高くなります。だからこそ、毎日の練習がどうしても必要になってくるのです。

どうか、心してこのことを理解し、毎日欠かさずに実践なさってください。

とはいっても、決してそれは難しいことではなく、毎日の練習も一瞬で終わってしまう上に、気分よく楽しく続けていくことができるものです。

僕はこれを、スペイン人の修道士であり、険しい岩山の洞窟や無人島の崖の上の掘っ建て小屋で長年にわたって隠遁《いんとん》修行をなさった、故マリア・ヨパルト・エスタニスラウ神父様から教えていただきました。

以降、かれこれ40年以上も毎日続けています。

そして、だからこそ、なのかもしれません。

今から15年前のことになりますが、いったん死んでからも蘇《よみがえ》るという希有な体験を授かったのだと信じてやみません。

世界中のカトリック信者たちから「隠遁者様」と呼ばれて敬愛されていたエスタニスラウ神父様に、僕はあるときこう訊《たず》ねたことがありました。

「死を迎えようとするとき、いったいどうすれば天国への門が開かれるのでしょうか?」、と。

それに対する隠遁者様の教えが、これからお伝えする「死の瞬間にできる唯一のこと」であり、死んでから天国に召されるための絶対条件に他ならないのです。

隠遁者様のその質問に対する答えと教えは、次のようなものでした。

たとえば、生前に善行を尽くし、世のため人のために働き、何も思い残すことがないほどに満足な人生を送ることができた人がいるとします。

でも、その人が死の瞬間に自分を誇らしく思うならば、その人はその気持ちによってこの世に魂を幽閉して自獄（地獄）に囚われてしまう、ということでした。

一方で、生前に悪行の限りを尽くし、多くの人を騙《だま》し、暴力の果てに殺人までも犯してしまったと死の瞬間に自分を恥じて悔やむ人がいるならば、その人もまた、その気持ちによってこの世に魂を幽閉する自獄（地獄）に堕《お》ちてしまう、ということなのです。

ではいったい、どんな人が天国へ行けるのでしょうか？

それは、死の瞬間にある一言を言える人、ということでした。

その一言とは、「**ただいま！**」という言葉です。

それも、子どものころに遊び疲れて夕方家に戻ってきたときに「ただいまー、お腹空いた！」と母親に声をかけていたときのように、何も考えずにただただ「ただいま」と神様に声をかけるのみです。

生前の善行に満足することもせず、悪行を悔いる必要もないのです。

これが、死の瞬間にできる唯一のことです。

僕たちが死を迎えるときに道を誤らないためにできる（いや、そうしなければならない）唯一のことは、これだけなのです。

何も考えずに、ただただ「ただいまー」と（神様に）声をかけるのです。

これができずに、人生で何かを立派にやり遂げたと自分のことを信じている人は天国へは行けないのです。

同様に、死に際に「もう何もやり残したこともないし、自分の人生は十分に満ち足りたものになった！」などと思った途端に、やはり道を踏み外して自獄（地獄）に堕ちてしまうのです。

あるいは、シリアルキラー（連続殺人犯）として、何人もの人を殺してしまうなど凶悪かつ最低の人生を送ってしまった人が、「自分はこの人生で、トンでもないことをしでかした！」などと悔やんだ途端に、やはり、道を踏み外して自獄（地獄）に堕ちてしまうわけです。

当然ながら、そのことにまったく悔やまない役人鬼だって同じ結果です。

「なんて理不尽な！」

「ええっ？　そんなことってありえるの？」

などと思われる人もいらっしゃるでしょう。


しかし、死にゆくときに道を外さずにちゃんと天国に招き入れられるためには、自分の人生に満足したり、あるいは失望したりすることなどは一切必要ないのです。

必要なことは、たとえどんな人生を送ったとしても、それらをまったく振り返ることをせずに「ただいまー」と言ってあちらに帰っていくことだけなのです。


「その日のためにできること——眠りに落ちる前に練習する」

いかがでしょうか。

あきれるほどに、簡単なことではないでしょうか。

なにしろ、ある日突然死ぬことになっても、「ただいまー」だけ言えばいいのですから。

ただし、そうはいってもこの人生を生きている誰にとっても、死ぬのは初めての体験になるはずです。

だから、「何も考えずに、ただただ、〝ただいま〟と言えばよい」という隠遁者様の教えを知ったとしても、いつのことになるかわからない死の瞬間にまで、このことを憶えていられるかどうか怪しいものです。


やがて来る〝その日〟までにこのことを忘れたり、もしくは、せっかく憶えていたにもかかわらず、死に遭遇した際のあまりの衝撃とショックで、それを実行することができない人もいるでしょう。

だからこそ、隠遁者様は誰にも訪れるその日のために、毎日練習できるような具体的な方法までも教えてくださっていたのです。


それは、睡眠という誰もが毎日必ず行う生理学的な行動を利用するものです。

隠遁者様によれば、睡眠中での魂の状態そのものが死んでからの状態に近いものであるため、この練習には眠りに落ちる瞬間を利用するのが理に適《かな》っているということです。

では、どうするのかというと、毎晩寝るときにこの言葉を唱えるのです。

誰しも、日々眠りにつくときには、ベッドや布団に横になると、だんだんと眠くなりはじめて意識が遠のいていくときがあると思います。

その際、普通なら、誰もがその日にあったことを思い浮かべながら、「今日はよく頑張ったな」とか「今日はまずいことばかりだった」「ああすればよかったな……」などと満足したり悔やんだりするはずです。

しかしそれでは、睡眠中に魂が肉体を離れて雄飛することができず、翌朝目覚めたときに疲れが残ってしまいます。

翌朝にすっきりと目覚めるためには、睡眠中の魂が肉体を離れた本来の姿で、この世からあの世までを縦横無尽に飛び回ることで、霊的なエネルギーを補給しておかなくてはなりません。

そこで、横になってすぐに魂があの世へと雄飛できるようにするためにも、眠りに落ちる際には、何も考えずに、心の中で「ただいま」と言うのです。


ここで余談ですが、僕が小さかったころは、母親代わりに育ててくれた祖母の隣で毎晩寝ていました。

働き者の祖母は早朝から深夜まで働き詰めで、床に入るのも家人が全員眠りについてから最後であることがしょっちゅうでした。

そんな祖母が僕の隣の布団に横になろうとするとき、たまたま目が覚めた僕の耳に毎回同じ台詞《せりふ》が聞こえてきたことを覚えています。


それは、「寝れば極楽、寝れば極楽」という言葉でした。

今思えば、祖母が毎晩寝る前に唱えていた「寝れば極楽、寝れば極楽」という言葉も、何も余計なことを考えずに天国に迎え入れられるための「ただいま」に代わる祖母なりの〝合い言葉〟だったのかもしれません。

その延長で考えれば、死ぬ瞬間に何も考えず「ただいま」と言う代わりに「死ねば天国、死ねば天国」と唱えるのもよいかもしれません。

さて、話を元に戻しましょう。

要するに、毎晩眠りに落ちるときに「ただいま」と心でつぶやいたり、声に出して言ったりすることで、隠遁者様が教えてくださった「死の瞬間にできる唯一のこと」を毎日練習することができるわけです。

毎晩寝るときに意識が遠のいていくとき、何も考えずにただただ「ただいま」と言うだけでよいのです。

この簡単な練習を毎日続けていさえずれば、ある日、あるとき、ある場所で突然、死が襲いかかってきたとしても、まったく慌てることはありません。

その瞬間は、何も余計なことを考えることなく「ただいま」と言いながら死んでいけば、そのまま天国へと迎え入れられるのです！

いとも簡単ではありませんか。

隠遁者様が教えてくださった、突然に迎える死の瞬間に天国の門を開くためにできる唯一のことが、こんなにシンプルなことだなんて、誰が想像できたでしょうか。

（引用終わり）

誕生と死とは、同じところにある

保江　２０１９年12月にこの本を出版した当時は、新型コロナウイルスが出る1年ぐらい前で、まだ時代がそういうテーマを要求していなかったんだと思います。

今はコロナで恐怖感がありますから、死というものをきちんと理解したいと、みんな内心では思っていることでしょう。

死について考えるには、ちょうどいいタイミングですね。

はせくら　ここにきて、みんなが本当に知りたくなったのですね。

コロナというショック療法が、全世界的に広まっていますから、今ならわかると思います。

保江　『せめて死を理解してから死ね』というタイトルでしたが、やはり人は「死なない」のほうがいいんですよね。

矢作先生の『人は死なない』の方が受け入れられやすいのです。

はせくら　矢作先生、『人は死なない』の内容をもう少しご紹介いただけますか？

矢作　基本は、**誕生に対する死**です。

今、生と死とが並ぶように誤解されていますが、生ではなく**誕生と死とが、同じところにある**ということを言いました。

死の恐怖には、メインとなるものが三つあります。

・向こう側がわからないという、未知による恐怖

・死のプロセスへの恐怖
・愛する者たちを残していく恐怖

その三つを今、保江先生が言われたように、理屈で裏打ちできれば、パリサイ人も理解してくれるでしょう。

生まれてきた、つまりこちら側に来たことと戻ることとは、ほぼ同じなのです。

唯一の違いは、生まれてくるのは自分の意思ですが、戻るときにわかっている人は少ないということだけです。

昔の人は、**来て帰る**という感覚を持っていた。お盆などの行事も含めて、すべて生活の中で理解していたわけです。

けれども、今の人たちの感覚では、こっち側と向こう側が途切れてしまっているんですね。

ですから、向こう側もわからない、死のプロセスもわからない、

そして、残される側だけにしか意識がいかない。

これは、非常に不自然な状況なわけです。

はせくら　私は、寝るという行為が、実は死の予行演習だと思っています。

矢作　夢がそうですね。

夢というのは、肉体と霊体の結びつきが緩んでいるという、一つの形なんですね。

人によっては、それが予知夢であったり、狭義の意味であれば千里眼だったりするわけです。明晰夢を見る人もいます。

特に、お別れのときに、逝ってしまう人が夢に出てくるケースがかなりありますね。

そこからも推測できることなど、あの本ではいろいろなことを書かせていただきました。

毎晩、「ただいま」と天国に帰る

保江　先ほどの「死の瞬間のために練習しておくべき〝あること〟」は、実は隠遁者様、エスタニスラウ神父様（＊保江氏にキリスト活人術を授けたスペインの神父）に教わったことだったのです。

子どもがさんざん遊んだ後、夕方にお腹が空いて家に帰ってきて、勝手口を開けて、「母ちゃんただいま、お腹空いた」という感じで死ねばいい、ということなのです。

そうすると、必ず天国に行けるというんですね。

それを、「俺はもう思い残すことはない。この世で善行を施して、とても輝いていた」なんて思って亡くなると、その思いがぐるぐる回ってスムースにあちらに行けないそうです。

亡者となって残ってしまうのだとか。

はせくら　それが「我欲」になる？

保江　自分が頑張ったという我が、この地上に浮遊する原因ですね。

逆に、悪いこと、例えば殺人を犯したという悔いもまた、同じように霊魂を引き止めてしまうのです。

だから、どんなに悪いことをしようが、良いことをしようが、「ただいま」だけでいいのです。子どもが、面白い遊びをして大喜びした日も、つまらなかった日も関係なく、とにかく夕方になったら「母ちゃん、ただいま」と帰る。

天国に行くときも、それと同じなのです。

予行演習として、毎晩寝るときに「ただいま」と言うのは素晴らしいです。

交通事故などの不慮の状況で死ぬときも、とっさに「ただいま」と思えたらいいですからね。

はせくら　はい。この体の中にある自己という意識から、怪しまれることなく（笑）自由に抜けられるのが「寝る」ことなんです。

直線的時間の「現実」で遊ぶのも楽しいのですが、多次元の自己に戻ることができると、より本来の自分の在り方と一致するので、ホッとくつろぐんですね。

なので、たいてい「ただいま」といってから、眠りにつくんです。

保江　毎回、「ただいま」と天国に帰っていたんですね。

だから、お子さんが危ないときにも、すごいことができるんです。

常に、天国とつながっている、神様状態だからなんですよ。

はせくら　いえいえ、そんなんじゃないです。

でも、考えたら「只今」は、中今のことでもあるんですものね。起きているときも、「ただいま」を意識しながら暮らしたいと思います。

ちなみに、寝るという言葉を言霊的に解釈すると、「根の国」に還ると捉えることができるんです。

保江　根の国、底の国ですね。

はせくら　根の国、つまり常世の国という、元の国に戻ることを毎晩経験できるというのは、素敵なことじゃないかと思うんです。

日中、いろいろあっても、夜には必ず根の国に戻って、リセットアンドチャージして、また、葦原の中つ国に旅立っていく、命の冒険ストーリーというイメージです。

保江　『せめて死を理解してから死ね！』の引用部分にもありましたが、母親不在でおばぁちゃんに育てられた僕は、小さいころは父方のおばあちゃんと一緒に寝ていたんですよ。

祖母はとても働き者で、朝は早起きして、僕の世話だけではなく、9人もの自分の子どもの相手をし、畑仕事もやり、親父の世話もしていました。もう、休む暇がなかったんですね。

夜はみんなを先にお風呂に入れて、みんなが寝た後に家の片付けをして、自分もお風呂に入って、やっと寝ることができる。

僕はたいがい、すでにぐっすりなのですが、祖母が布団に入るときに、ふと目が覚めることがあったんですね。

すると、必ず聞こえてきたのが、「寝れば極楽、寝れば極楽」という言葉だったのです。

それを、僕は最近までずっと、毎日疲れてしんどいから、寝るのだけが天国の心地で休まる、という程度の意味だと思っていたのです。

しかし本当は、「寝れば極楽、寝れば極楽」と呪文みたいに唱えれば、本当に天国に行けることがわかっていたんじゃないかな、と、今はそう思っています。

はせくら　すごい言霊ですね。完全にそこにフォーカスされていたのですね。

保江　おばあちゃんの知恵袋ですよ。

「寝れば極楽、寝れば極楽」と、口に出すのがポイントだと思うんですね。

思っているだけではダメなんですよ。やっぱり言霊は音を響かせないと。

それから、肉体が役目を終えて魂が離れたら、華々しいお迎えがきてくれます。

ＢＧＭはラヴェルの『ボレロ』。

臨死体験で有名な木内鶴彦さんや、『黎明』の著者、葦原瑞穂さんも、『ボレロ』がずっと流れていたとおっしゃっていました。

例えば、たった一人で、誰にも看取られずに孤独死になってしまったとしても、天使たちがお迎えしてくれて、みんなで「凱旋おめでとう」とお祝いしてくれるそうです。

はせくら　えっ、『ボレロ』⁉　私も寝るときに同じＢＧＭが流れます。定番なんでしょうか？

ちなみに、目覚めのときに聞こえるのは、グリーグの『朝』です。いつも同じ曲ばかりなので、「たまには変えて」とお願いしたら、ノリがよすぎる音楽が流れたので（笑）、戻してもらいました。

保江　僕は、『せめて死を理解してから死ね！』の中で、「孤独死のススメ」というのも公表しました。

孤独死のススメ全10ヶ条——正しい孤独死を迎えるための実践篇

1　自立するために一人暮らしをする
2　思い出の品を大切な人・友人たちに託す
3　生後1年以内の写真か、24歳前後の自分の写真を部屋に飾っておく
4　夜空の星を眺める
5　身の周りの品々に感謝する
6　平日の人が少ないときに映画館で映画を観る

7　定期的に往復はがきを友人たちに送る
8　時折、あてもなく歩く
9　馴染みの店を作っておく
10　窓辺に魔除けの鉢植えを置く

（引用終わり）

一般的には、孤独死はつらい、悲惨なものと捉えられがちですが、本当はとても楽しいものなのです。
看取ってくれる人の数が少なければ少ないほど、あちらの世界からお迎えにきてくれる天使や先に逝った家族、友人などの応援団の数が多くなるからです。

はせくら　『ボレロ』でいうと、メロディが変調するたびに、華々しさが増して賑やかになり、最後は、ファンファーレまで鳴っている状態ですよね。

保江　それが、たくさんの人に見守られていると、規模が小さくなるというのだから面白いですよね。

矢作　いずれにしても、寂しいなどと思う隙もないということなのです。

Part 5

神様に喜んでいただける生き方

「安心立命」――神様に喜んでいただける生き方

はせくら　さきほどから、「**安心立命**」という言葉が頭に浮かんできています。

ネットで調べてみたので、その意味を読みますね。

「心を安らかにして身を天命に任せ、どんなときにも動揺しないこと。人力のすべてを尽くして身を天に任せ、いかなるときも他のものに心を動かさないこと、はじめ、儒学の言葉であった。教会では安心龍明暗神龍様と呼ぶ。心は身とも書く。また、立命安心とも言う」（三省堂 新明解四字熟語辞典）

これは辞典での一般的な解釈ですが、より深いところから再認識してみたいと思います。なぜ安心なのか、なぜ立命なのかを深掘りすることで、最後はよりわかりやすいところに着地するような気がするのです。

まず、天に守られていること。その中で、私たちは常に、大安心・大安全の中にいます。

心は神なので、身も守られているから安心ということなのだと感じます。
次に、立命。命を立てるというのはどういうことなのか、より個々が命の深みを見つめてみるということについて、お話をうかがいたいです。

保江　安心の安という漢字には、女という字が入っています。
うかんむりは屋根の形からできていますから、屋根の下で女の人が落ち着いて座っている様子。だから安心、安全ということでしょうね。

矢作　私は、安には「戻る」という意味合いがあると思っています。
例えば、沖縄の墓はみんな南向きで、子宮を型取っているそうです。みんな、そこへ帰っていくという意味だといいます。その発想と、似ているところがあります。
安というのは、こちら側にくる入口、つまり、誕生のゲートのような意味合いなのかなと理解しています。

保江　誕生するのは、子宮がゲートになります。

みんなが女から生まれているのですから、安という女の家は、子宮という解釈もできると思うのです。

子宮は母体、つまりお母さんですね。

そして安心とは、お母さんのお腹の中で我々が持っていた心ではないでしょうか。

立命は、命を立てる。それは、使命を持って、お母さんのお腹から生まれてきたということですね。

はせくら　お母さんの大いなる海、子宮から地球に生まれました。

命がお腹の中で物質になっていき、そこで使命を受けます。

ここまではわかりました。

赤ちゃんのころの写真を見ると、潜在意識下ではあっても、お母さんの子宮という宇宙の海から生まれてきたことが思い出されます。

そして、どんなときでも地球というお母さんに守られてきたという信頼と、肉体の最後のときには、絶対安心の元に帰ってゆく――そういう境地があると思うんです。

それを、無意識のレベルで知っている。理解するしないではなく、知っているんです。その安全安心の中で、自分が立てた命とは何かを知ることが、生きるよすがになる。それが、我が命を生きるということになり、悔いなく死ぬということにつながっていくと思います。

保江　これは、渡辺和子シスターが教えてくれたのですが、

「神様は、絶対に批判も否定もされません。すべてのことに対して二つの評価しか出されないのです。それは、**良い、Good か、とても良い、Very Good かのどちらかです**」ということです。

「良い」か「とても良い」かのご判断の基準はどこにあるのかというと、実は、楽しければいいのです。

楽しいということは、喜ぶことと同じ、つまり、神様が手を叩いて喜んでくださるようなことをすればいいということです。

逆に、こんなことをしてはダメというのは、神様にはない。とにかく、人間が何をしようが、拍手喝采なんですって。人間社会では悪いとされていることでも、結果は、「良い」か「とても良い」かのどちらかなのです。

生まれもった使命というのは、人間社会の基準で立派なことをするとか、人ができないようなことをするとかいうことではないのです。

神様から託された使命とは、「私を喜ばせなさい」、それだけなんですね。

はせくら　これは、大きな福音だと思います。神様に悲しいはない。より良いと思っていただけるように、喜んでいただける生き方をすればいい――シンプルですね。

保江　パリサイ人が神について論じていますが、神を裏切ってはいけない、悲しませてはいけない、神様は厳しいというのは大嘘です。

はせくら　瞑想の中で、三つの言葉が聞こえてきて、神様の声だなと感じたことがありました。

その言葉とは、「**嬉しいな**」「**楽しいな**」「**満ちているな**」の三つでした。

保江　そのとおりです。それしかないんですよ。

私たちの一つひとつの細胞の中に沁み入っている存在

はせくら　それから、伊勢で伝わる神道においては、**心神**《しんしん》と呼んだりもします。

心は神であり、私たち自身が神であったというところに立ち返っていく言葉でもあるんです。

キリストが示した、「私たちは生ける神の宮」と同じです。

こうした神意識の目覚めが、やがては立命につながっていくと思うのです。

矢作　そのとおりですね。
そして、神人《しんしん》一如でもありますから、そこにジャッジはいらないんです。

保江　そうです、ジャッジはいらない。

矢作　今、言われたように、「嬉しい」「楽しい」「満ちている」の感覚が生まれる動機というのは、すべてがつながっているからなんの心配もいらない、というところから生じているのですよね。

例えば、悲しいことや腹立たしいことも、反対から見れば逆の感情が生まれるかもしれません。

結局、この世界はトレーニングの場で、完全調和に戻ってしまえば、ネガティブな感情もどうでもいいことになるでしょう。

こっちで遊んで、あっちに帰って、また遊びに来て、という繰り返しの中で、心配は何もいらないのです。

だから、**安心して遊んできなさい**と言われているのですね。

はせくら　生まれるということは、大きな神の意思の中の遊び場、フィールドにポンと飛び込むということなんですよね。
神はいつも見守っていて、その遊び場で自身の子どもがコケようが、あばれようが、あら可愛い、元気でよかったねと言ってくれているのです。

矢作　そう感じられます。

保江　現に、はせくらさんは、息子さんが死ぬような目に遭う前に、ちゃんと腕《かいな》に抱いていたでしょう。
それと同じことを、神様はなさっているわけですね。
僕らがどんなに、この世で遊びまくって無茶をやろうとも、いよいよとなったときには、よしよしと抱いてくださるのです。

はせくら　そう考えると神様は、どこか遠くで見ているというよりは、**私たちの一つひとつの細胞の中に沁み入っていらっしゃる**んですね。

保江　宇宙のあらゆるものが神様の内なんです。

それを示すことができるのが唯一、素領域理論です。

宇宙開闢の前にあったのは、神様のみでした。それを僕は、完全調和と呼ばせてもらっています。

そこから起こる自発的対称性の破れの中で、完全調和が崩れた部分がポコポコと泡のように出てくる、その泡、それぞれが素領域です。

泡の中にあるエネルギーが、泡から泡にぴょんぴょんと飛び移っていく。

それが我々の中の宇宙空間を素粒子が移動している、というように僕は認識しています。

そして、我々の宇宙空間にある泡と泡の間の部分は完全調和であり、すなわち神様なんですね。

神様は遠くにいらっしゃるのではなく、はせくらさんがおっしゃるとおり、我々の細胞に沁み入っておられるのです。

人は、死んだら**完全調和の神様の側に行く**のです。

同時に、この世にすぐに沁み入って、いたるところにいることになるわけです。

むしろそのほうが、みんなを助けやすくなります。

この世で肉体を持っていたら、駆けつけても間に合わないことが多いですよね。

はせくらさんが、危険な目に遭いそうな息子さんをすぐに抱っこできたのは、空間に沁み入っていたからですね。

はせくら　自分でも、そのときはすごく不思議で、謎でした。

空間（＝神）を味方につけるとは？

保江　空間がすごいのです。**空間イコール神様です**からね。
僕は道場でも実践していますが、空間を味方につければ必ず技が決まるのです。

相撲もそうで、例えば、相撲取りが土俵の上に塩を撒くでしょう。あれは、塩で清めているとされていますが、実はそうではない。

本当は、塩を撒くことで、今から勝負をする土俵の上の空間を味方につけているのです。

より強く味方につけられたほうが勝つんですよ。

はせくら　神様を味方につけているということですね。

保江　はい。神様を味方につけるお作法なのです。
塩を撒く、試合の前に深々と礼をする。相手にではなく、神様、空間に礼をしているわけです。

先日、知人の茶道のお家元通仙庵孝典さんが、本を出されました。煎茶の黄檗売茶流《おうばくばいさりゅう》の、一般向けの解説書『逍遥自在なひとときを』（A-Works）です。

それを、僕の講演会で紹介することになりました。

まずは本をパッと開いて、そこに書いてあることを読み上げたのですが、すごいことが書いてありました。

「お煎茶の道の基本は、まずお手前の前に**深々と礼をする**ことです。頭を下げるときよりも、頭を上げるのに時間をかけます。ゆっくりと頭をもたげるこの時間が長ければ長いほど、その場の空間を司る権利を得ることができるのです」

こんな表現があったんですね。

確かに、その方にご挨拶で頭を下げるとき、必ず僕のほうが先に頭を上げているんですよ。そのたびに、「やられた」と思っていたんですが、ちょうどそれを意味付けるような文章が現れたわけです。

彼はやはり、只者ではない。お茶のお家元というお立場ですから、そこに気づいていらっしゃるのです。

そして、もう亡くなられましたが、「武の神人」と呼ばれた、大東流合気武術の佐川幸義先生というすごい方がいらっしゃいました。

僕の師匠でもあったこの方の唯一のご趣味が、お相撲のテレビ放送を観ることだったのです。

僕もときどき、一緒に観ていたのですが、「次は、こっちの力士が勝つよ」と予言され、必ずそのとおりになるんですね。「どうしてわかるんですか？」と聞くと、「双方が睨み合う蹲踞《そんきょ》のときに、土俵の上に白いモヤモヤとしたものが見えて、どちらかの力士の上に漂《ただよ》い、空間に満ち満ちる。すると、その力士が必ず勝つ」とおっしゃっていたのです。

僕にはまったく見えなかったのですけれどもね。

はせくら　私にも、そんな経験があります。

天の岩戸開き神事のときのお話です。

保江　写真を拝見しました。

はせくら　御神事で天照大神のお役を承り、１ヶ月の断食をして臨みました。

当日は、岩戸隠れを示す、真っ暗な拝殿の中で、真っ新《さら》な装束に身を包み、直立不動のまま立っていたんです。

その間、時間にすると１時間弱だったのですが、空間の密度が濃くなるのがわかり、しまいには空間自体が揺らぎ出す感覚を覚えました。

すると、風ひとつないにもかかわらず、髪飾りがかすかな音を立てて揺れ続けるのです。

その後、遠くから神楽の太鼓と祝詞が聴こえ、いよいよ、扉が開いて外へ出ようとしたそのとき、なんと、空間から圧がかかって、突き飛ばされるようなかたちで、一歩を踏み出したのでした。

その瞬間、私は本当にびっくりして、いったい何が起こったのだろうと空間に意識を向けると、なぜか、五十音の仮名が視えたのですね。それで、あ、そうか。仮名《かな》は神名《かな》で、神様のことだったんだ、と腑に落ちたんです。

空間自体に宿る神の意識。それをまざまざと感じた出来事でした。

粘りのある空間にいれば、常に神の中に漂える

保江　今、僕も合点がいったのは、僕が浅間神社の石段から落ちたときに、ふわっとゆっくり倒れて、それを見た僕の秘書にも、スローモーションのように見えていたことの理由です。

はせくらさんの場合は、白い手が出てくるのが見えたということでした。

それを、素領域理論でいうと、**空間の密度が濃くなって、柔らかくねちっこくなった**というのが一番しっくりくるのです。

白い手が出てくるとか、神様が時間をゆっくりにしてくれたという表現よりも、パリサイ人にも少しはわかりやすいかなと思います。

はせくら　空間に粘りが出てくるというのは、本当にそうだと思います。空間自体がねっと

りとしてくる感じです。

保江　だからゆっくりになるし、空間がクッションのように受け止めてくれてケガもない。矢作先生が滑落なさったときも、空間が守ってくれていたのですね。

はせくら　この空間の中にいれば、神の中に常に漂っていることになります。こんなにいい場所にいる、今いるところがまさに安心立命そのものです。だから、何があっても、絶対に大丈夫なのですね。

保江　そう。絶対大丈夫。安らかに神（心）が命の中に立っておられますから、何ひとつ憂うことはありません。

はせくら　神は芯でもあります。我の中の芯、コアなところをどれだけ信頼するか、子どもに立ち返ってこの身を立てていく――神なる海の中で、命が立っているのです。

その認識からスタートすれば、今のこの一見カオスのような状況でさえも、安心できるのですね。

「安らかなるは神なりて、心立ちたり命たり」です。

命の中にすでに神がおわしますので、そこにチューニングを合わせた瞬間にもう、この安らかさの中にいるのです。だから絶対大丈夫、どこまで行っても神の内です。

保江　どこまで行っても**神の内**。いいお言葉ですね。

何も心配しなくていい。僕の赤ん坊の写真のこの子は、何も心配していなかったんですよ。明日、何をしたらいいだろうとか、病気になったらどうしようとか、思い煩《わずら》うことは一切ない。

矢作先生は、今でも赤ん坊のような、無垢なお顔ですよね。矢作先生のすごさをやっと悟りました。

あらためて考えてみたら、すごい人たちは皆、この無垢なお顔が共通点なのです。

現代の大人には、なかなかできないお顔ですよ。

はせくら　本当にそうですね。いつもニコニコと晴れやかなカミサマ。矢作先生、何かお言葉を頂戴できますか?

矢作　(満面の笑顔で)すべて、そのとおりです。

はせくら　ありがとうございます。満面の笑顔、素晴らしいですね。赤ちゃんと賢者が同居しているんですよね。

保江　赤ちゃん賢者です。先生の赤ん坊のときの写真をぜひ見たいですね。

保江　今回の鼎談は、神様にしっかり仕掛けをされていたというのがとてもよくわかりました。すべてが美しくつながって、このタイミングで三人で集えたのですね。

矢作　保江先生の、直感や導きを見逃さず、きちんと行動に移されるところ、本当に素晴らしいですね。

はせくら　神なる囁きを、きちんと聞き届けられるところですよね。

保江　聞き届けていなくても、体が勝手に動きますからね。

はせくら　保江先生からこの鼎談のお話をいただいてから、１週間ほど断食道場に行っていました。

断食の最中の瞑想の中で、

「今、人類にもたらされている課題はなんですか？　そして、今回の鼎談ではどのような意図を持てばいいですか？」と問うたときに、とてもシンプルに、「人間を矮小化させないでください」と言われたんです。

人というのは、本来はとても優秀な、素晴らしい存在だというのですね。

「現状は、そこに気づく通過儀礼です。

これから、人の、眠れる98パーセントのDNAがどんどん花開いてゆく。

大いなる命の中の地球人類が、宇宙人類へとシフトしていく――宇宙でファンファーレが鳴っているこのときに、落ち込んでいる暇なんてありませんよ」というメッセージがきたのです。

保江　おかげさまで、それを存分に表現できたと思います。

はせくら　お話ししている間、ずっとエスタニスラウ神父様が見守ってくださっていたと感じます。

とりわけ、一番嬉しそうにされていると感じたのが、GoodとVery Goodのお話しのときでした。やっぱり、満面の笑顔で、「本当にそうですよ」と喜んでおられました。

矢作　そのGoodとVery Goodというのが、「嬉しい」「楽しい」と同義なんですよね。私も、心で思い出したように思います。

保江　この鼎談は、たいへん有意義でしたね。お見事でした。矢作先生、はせくらさん、ありがとうございました。

はせくら　本当にぎゅっと濃縮した時間を共有させていただきました。心より感謝いたします。

矢作　とても充実したお話でしたね。ありがとうございました。

ある夜の出来事　後書きに代えて

かねてより敬愛申し上げる理系女《りけじょ》にして人気画家のはせくらみゆきさんと、日頃から様々な場面でご高配を頂戴している医師にして人気思索家の矢作直樹先生と、理論物理学者にして武道家の僕・保江邦夫による鼎談出版企画の言い出しっぺということで、明窓出版の社長、麻生真澄さんから、「やはり、隗《かい》で終わらせてください」と「後書き」執筆のご指名を受けてしまいました。

本来ならば、矢作先生にお願いすべきところを、複数の霊能力者によってシリウス宇宙艦隊配属時代の上官だったと指摘されているこの僕が、エンディングの筆を取らせていただきます。

本文中でもお伝えしましたが、今の地球上での社会的立場としては、東京大学医学部名誉教授である矢作先生は、アカデミックなピラミッドの頂点に立つお方であり、ピラミッドの底辺をうろつく僕のような、地方大学を定年で辞めた不名誉教授とはまさに月とスッポン。

にもかかわらず、矢作先生は、これまで僕からの無理難題にも等しい依頼の数々を一度もお断りにならず、快く引き受けてくださったのは、やはり地球に転生してくる前に、シリウス宇宙艦隊司令官だった僕を補佐する副官だったという魂のつながりがあるからなのかもしれません。

今回も、ピラミッドの底辺に位置する僕に、「後書き」を任せてくれたのですから。

とはいえ、はせくらさんや矢作先生のように文才に恵まれたわけではない僕にとって、締め切り日までの限られた日数の中で、この鼎談のまとめや講評を形にするなど、苦痛を伴うストレス以外の何ものでもありませんでした。

カレンダーを横目で睨《にら》みながら頭を抱える日々を送っていたある夜のこと、翌日に予定していた久し振りの高知行きのため、遠足前夜の小学生に戻っていたのか、いつもより早めに横になってもなかなか寝付けません。

頭だけがクルクルと回って余計なことまで考え始めたことに気づいたときには、既に2時間もの努力が徒労に終わっていました。

このままでは、明け方まで一睡もできない可能性が高いと判断した僕は、いったん起き上がって、ワインでも軽く引っかけることでアルコールの力を借りて眠りにつこうとします。

幸いにも、冷蔵庫に好みの白ワインが2杯分程度残っていたので、燻製チーズをアテにして飲み始め、何気なくテレビのスイッチを入れてみます。

たまたま選局されていたBSNHKの番組が途中から流れ始めたのですが、明らかにエジプト王朝時代のミイラやピラミッドの映像が続きます。

それは、ギザの大ピラミッドの王の間にも入ったことのある僕の興味を引きつけてしまい、その後の小一時間、ワインを飲みながら番組の最後まで観てしまう羽目に……。

実は、その番組のテーマはエジプト王朝文明そのものについてではなく、フランスの首都パリにあるルーブル美術館を創った皇帝ナポレオンが、地中海のコルシカ島に流されるまでに収蔵させた彫刻や絵画の数々について、その由縁やエピソードなどを紹介するというものだったのです。

どの作品も、高い芸術性に加えて何か不思議な魅力を放っていて、最後まで飽きさせない素晴らしい番組に仕上がっていました。

すでに何ヶ月か前に放映されていたものをこの日の深夜枠に再放送していたおかげで、どうしても寝付くことができなかった僕が偶然目にすることができたわけですが、最後の最後に画面に表示されたナポレオンの言葉に、僕は釘付けになってしまいました。

そして、この夜のほんの少しの出来事の奥に、偶然以上の意味を感じたのです。

なぜなら、今回のはせくら・矢作・保江という3名による鼎談の主題を見事に浮き彫りにした名言を、あのナポレオンが遺していたという事実が、まさにそれを最も必要とするタイミングで与えられた神の啓示にも思えたのですから！

＊　＊　＊

私は何処から来たのか
私は何であるのか
その答えは私の思念を超えている
私は己を知らない肉体に過ぎない

＊　＊　＊

そう、ナポレオンは皇帝にまでのぼりつめた単なる英雄などではなく、深い思索の中に生きた神人だったに違いありません。

パリサイ人が金科玉条と祭り上げる思念を超えた存在であるという、人間の本質を見事に喝破していたのですから。

興奮が最高潮に達してしまい、このままではワインのほろ酔い気分で眠りにつくという当初の作戦も失敗してしまいかねない！

そう懸念した僕は、余計に過熱してしまった頭を冷やそうと思ったのか、再度、歯を磨いた後で寝室に向かう直前、ふと、深夜の庭に出てみたのです。

快晴の夜空を見上げると、そこには、オリオン座の左下にひときわ明るくきらめくシリウスの青白い輝きがありました。

まるで、シリウス宇宙艦隊司令官と副官だった僕と矢作直樹の魂に向かって、今回の鼎談の内容が地球上での我々の使命を果たしつつあることの証《あかし》となっていると、喝采を送ってくれているかのようでした。

間違ってはいませんよね……、シリウス宇宙連合の女王陛下の魂を受けていらっしゃるはせくらみゆきさん？

令和3年10月26日　白金の寓居にて保江邦夫記す

星辰館　保江邦夫公式 WebSite
https://yasuekunio.com/

保江 邦夫（Kunio Yasue）

1951 年、岡山県生まれ。理学博士。専門は理論物理学・量子力学・脳科学。ノートルダム清心女子大学名誉教授。湯川秀樹博士による素領域理論の継承者であり、量子脳理論の治部・保江アプローチ（英：Quantum Brain Dynamics）の開拓者。少林寺拳法武道専門学校元講師。冠光寺眞法・冠光寺流柔術創師・主宰。大東流合気武術宗範佐川幸義先生直門。特徴的な文体を持ち、70 冊以上の著書を上梓。

著書に『祈りが護る國　アラヒトガミの霊力をふたたび』、『浅川嘉富・保江邦夫 令和弐年天命会談 金龍様最後の御神託と宇宙艦隊司令官アシュターの緊急指令』（浅川嘉富氏との共著）、『薬もサプリも、もう要らない！ 最強免疫力の愛情ホルモン「オキシトシン」は自分で増やせる!!』（高橋 徳氏との共著）、『胎内記憶と量子脳理論でわかった！『光のベール』をまとった天才児をつくる たった一つの美習慣』（池川 明氏との共著）、『完訳 カタカムナ』（天野成美著・保江邦夫監修）、『マジカルヒプノティスト スプーンはなぜ曲がるのか？』（Birdie 氏との共著）、『宇宙を味方につける こころの神秘と量子のちから』（はせくらみゆき氏との共著）（すべて明窓出版）、『東京に北斗七星の結界を張らせていただきました』（青林堂）など、多数。

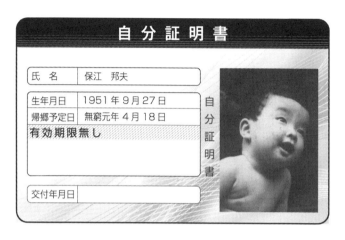

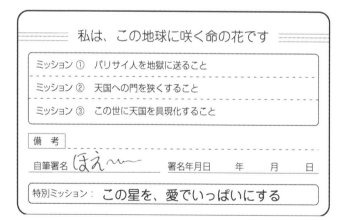

自分証明書

氏　名	保江　邦夫
生年月日	1951 年 9 月 27 日
帰郷予定日	無窮元年 4 月 18 日

有効期限無し

交付年月日	

自分証明書

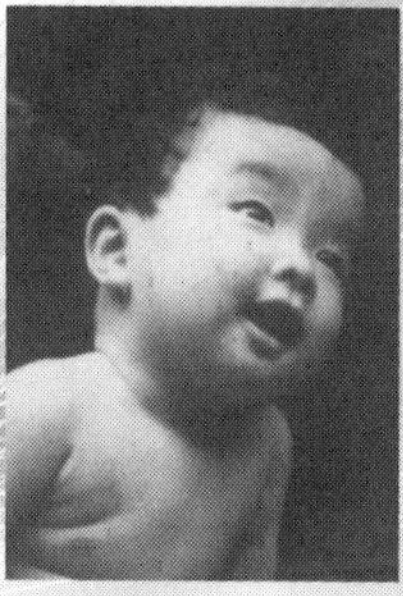

私は、この地球に咲く命の花です

ミッション ①　パリサイ人を地獄に送ること

ミッション ②　天国への門を狭くすること

ミッション ③　この世に天国を具現化すること

備　考

自筆署名 ほえ〜　　署名年月日　　年　　月　　日

特別ミッション：　この星を、愛でいっぱいにする

矢作直樹公式 WebSite
hhttps://yahaginaoki.jp/

矢作直樹（やはぎなおき）

東京大学名誉教授。医師。
1981 年、金沢大学医学部卒業。
1982 年、富山医科薬科大学の助手となり、83 年、国立循環器病センターのレジデントとなる。同センターの外科系集中治療科医師、医長を経て、99 年より東京大学大学院新領域創成科学研究科環境学専攻および工学部精密機械工学科教授。
2001 年より東京大学大学院医学系研究科救急医学分野教授および医学部附属病院救急部・集中治療部部長となり、2016 年 3 月に任期満了退官。

著書には、『人は死なない』（バジリコ）、『おかげさまで生きる』（幻冬舎）、『お別れの作法』、『悩まない』（以上、ダイヤモンド社）など、多数。

自分証明書

氏　名	矢作　直樹

生年月日	1956年1月27日
帰郷予定日	寿命を迎える日

有効期限無し

交付年月日	

自分証明書

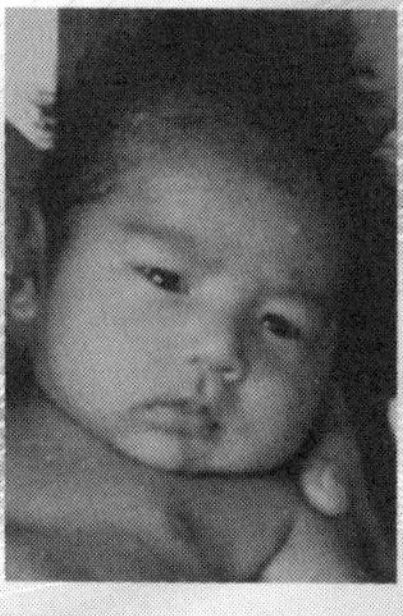

私は、この地球に咲く命の花です

ミッション①	大調和流布への尽力
ミッション②	我が国のご先祖様の足跡を知る
ミッション③	中今の生き方の実践

備　考

自筆署名　矢はぎ直樹　　署名年月日　　年　　月　　日

特別ミッション：この星を、愛でいっぱいにする

はせくらみゆき公式 WebSite
https://www.hasekuramiyuki.com/
（社）あけのうた雅楽振興会
https://www.akenoutagagaku.com/

はせくら みゆき

画家・作家。

生きる喜びをアートや文で表すほか、芸術から科学、ファッション、経済まで、ジャンルにとらわれない幅広い活動から「ミラクルアーティスト」と称される。日本を代表する女流画家として、2017 年にはインドの国立ガンジー記念館より、芸術文化部門における国際平和褒章を受章。2019 年には国際アートコンペ（イタリア）にて世界三位、2020 年 MINERVA 展（イギリス）では準大賞となる等、世界の美術シーンで活躍している。

他にも雅楽歌人としての顔や、日本語新発見ツール「おとひめカード」の開発などを通して、和の文化を継承する活動も行っている。主な著書に、『パラダイムシフトを超えて』、『数霊決定版』（徳間書店）、『OTOHIME』（Neue Erde・ドイツ）など、多数がある。

一般社団法人あけのうた雅楽振興会代表理事。

英国王立美術家協会名誉会員。

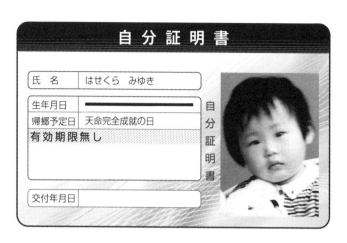

自分証明書

氏　名	はせくら　みゆき
生年月日	[redacted]
帰郷予定日	天命完全成就の日

有効期限無し

交付年月日	

自分証明書

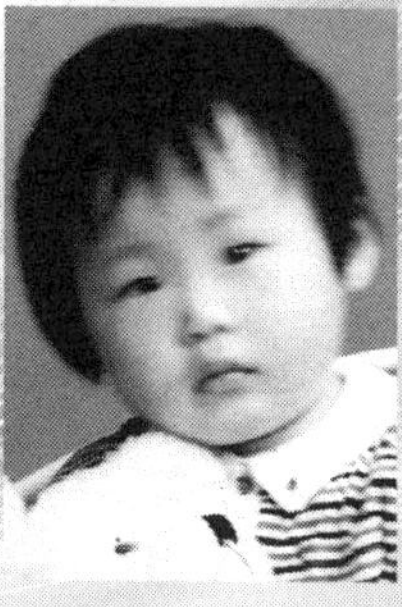

私は、この地球に咲く命の花です

ミッション ①　すべてを愉しみ、慈しむ

ミッション ②　天の御心にそって生きる

ミッション ③　地球楽園化を観る

備　考

自筆署名　みゆきん♡　　署名年月日　　年　　月　　日

特別ミッション：　この星を、愛でいっぱいにする

自分証明書

氏　名	
生年月日	
帰郷予定日	

有効期限無し

交付年月日	

自分証明書

私は、この地球に咲く命の花です

ミッション ①

ミッション ②

ミッション ③

備　考

自筆署名　　署名年月日　年　月　日

特別ミッション：この星を、愛でいっぱいにする

自分証明書フォーマット（コピーをしてご使用ください）

歓《よろこ》びの今《いま》を生《い》きる
医学《いがく》、物理学《ぶつりがく》、霊学《れいがく》から観《み》た
魂《たましい》の来《こ》しかた行《ゆ》くすえ

保江邦夫《やすえくにお》　矢作直樹《やはぎなおき》　はせくらみゆき

明窓出版

令和三年十二月十日　初刷発行
令和四年一月十日　二刷発行

発行者——麻生 真澄
発行所——明窓出版株式会社
〒一六四—〇〇一二
東京都中野区本町六—二七—一三
電話　（〇三）三三八〇—八三〇三
FAX（〇三）三三八〇—六四二四

印刷所——中央精版印刷株式会社

落丁・乱丁はお取り替えいたします。
定価はカバーに表示してあります。

ISBN978-4-89634-441-7

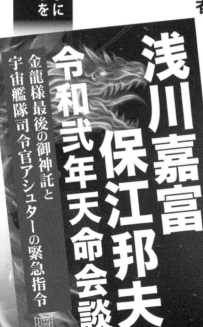

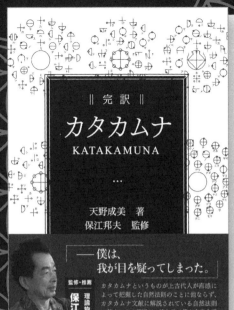

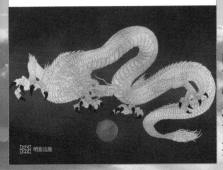